文化・社會・生活

馬森文集

Sen Ma

學術卷06

行文通俗的社會評論

觀察與理解中國社會的一些門徑

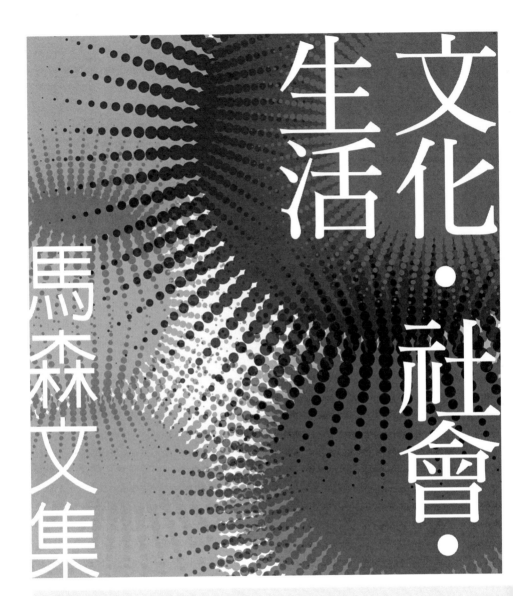

秀威版總序

我的已經出版的作品，本來分散在多家出版公司，如今收在一起以文集的名義由秀威資訊科技有限公司出版，對我來說也算是一件有意義的大事，不但書型、開本不一的版本可以因此而統一，今後有些新作也可交給同一家出版公司處理。

稱文集而非全集，因爲我仍在人間，還有繼續寫作與出版的可能，全集應該是蓋棺以後的事，就不是需要我自己來操心的了。

從十幾歲開始寫作，十六、七歲開始在報章發表作品，二十多歲出版作品，到今天成書的也有四、五十本之多。其中有創作，有學術著作，還有編輯和翻譯的作品，可能會發生分類的麻煩，但若大致劃分成創作、學術與編譯三類也足以概括了。創作類中有小說（長篇與短篇）、劇作（獨幕劇與多幕劇）和散文、隨筆的不同；學術中又可分爲學院論文、文學史、戲劇史、與一般評論（文化、社會、文學、戲劇和電影評論）。編譯中有少量的翻譯作品，也有少量的編著作品，在版權沒有問題的情形下也可考慮收入。

有些作品曾經多家出版社出版過，例如《巴黎的故事》就有香港大學出版社、四季出版社、爾雅出版社、文化生活新知出版社、印刻出版社等不同版本，《孤絕》有聯經出版社（兩種版本）、北京人民文學出版社、麥田出版社等版本，《夜遊》則有爾雅出版社、文化生活新知出版社、九歌出版社（兩種版本）等不同版本，其他作品多數如此，其中可能有所差異，藉此機會可以出版一個較完整的版本，而且又可重新校訂，使錯誤減到最少。

創作，我總以爲是自由心靈的呈現，代表了作者情感、思維與人生經驗的總和，既不應依附於任何宗教、政治理念，也不必企圖教訓或牽引讀者的路向。至於作品的高下，則端賴作者的藝術修養與造詣。作者所呈現的藝術與思維，讀者可以自由涉獵、欣賞，或拒絕涉獵、欣賞，就如人間的友情，全看兩造是否有緣。作者與讀者的關係就是一種交誼的關係，雙方的觀點是否相同並不重要，重要的是一方對另一方的書寫能否產生同情與好感。所以寫與讀，完全是一種自由的結合，代表了人間行為最自由自主的一面。

學術著作方面，多半是學院內的工作。我一生從做學生到做老師，從未離開過學院，因此不能不盡心於研究工作。其實學術著作也需要靈感與突破，才會產生有價值的創見。在我的論著中有幾項可能是屬於創見的：一是我拈出「老人文化」做為探討中國文化深層結構的基本原型。二是我提出的中國文學及戲劇的「兩度西潮論」，在海峽兩岸都引起不少迴響。三是對五四以來國人所醉心與推崇的寫實主義，在實際的創作中卻常因對寫實主義的理論與方法認識不足，或由於受了主觀的因素，諸如傳統「文以載道」的遺存、濟世救國的熱衷、個人的政治參與等等的干擾，以致寫出遠離眞實生活的作品，我稱其謂「擬寫實主義」，且認爲是研究五四以後海峽兩岸新小說與現代戲劇的不容忽視的現象。此一觀點也爲海峽兩岸的學者所呼應。四是舉出釐析中西戲劇區別的三項重要的標誌：演員劇場與作家劇場，劇詩與詩劇以及道德人與情緒人的分別。五是我提出的「腳色式的人物」，主導了我自己的戲劇創作。

與純創作相異的是，學術論著總企圖對後來的學者有所啓發與導引，也就是在學術的領域內盡量貢獻出一磚一瓦，做爲後來者繼續累積的基礎。這是與創作大不相同之處。這個文集既然包括二者在內，所以我不得不加以釐清。

其實文集的每本書中，都已有各自的序言，有時還不止一篇，對各該作品的內容及背景已有所闡釋，此處我勿庸詞費，僅簡略序之如上。

馬森序於維城，二〇一〇年七月二十三日

目次

我觀察與理解中國社會的一些門徑

——寫在《文化、社會、生活》的前頭

異於西方學者的純求知的態度，我研究中國社會的出發點乃由於耳聞、目睹、身受中國近百年來所遭受的苦難。有些苦難，本為人類共同的遭際，像天災、像外族的入侵、像疾病的傳染，突然來臨時是難以預防的。但中國所遭受的，除了這些難以預防的苦難外，還有些苦難是可防而未防的，像鴉片的毒害；應防而不防的，像人口的膨脹；或無事生波，自相作踐，像十年文革的風暴所加於人民的痛苦；還有對婦女的欺凌，對幼弱的壓榨，則都幾乎是獨見於中國社會的苦難！何以中國人就如此的不幸，必須身受一些他族所未嘗有的人為災禍？身為一個炎黃的子孫，這

樣的問題實在使我寢食難安。

當然這不是我一個人的煩惱，中國的苦難幾乎成爲近代所有中國知識分子的共同夢魘。感覺銳敏的，像劉鶚、魯迅、柏楊，或髮指目張，或冷諷熱嘲，無不企圖揭示出中國社會的種種病態，促人猛醒，以俾集眾人之力來共同改革中國的積弊沈痾。他們感性的大聲疾呼，已經痛切地揭露出千百種令人難堪的病狀，現在所需要的是回答以下的疑問：是什麼歷史和文化的原因造成中國這般苦難的結果？有什麼良方妙計才可以治癒種種的惡疾？

就是在這樣的前提下，我開始從現代的社會學和人類學的理論方法中尋求透視和理解中國社會的門徑。我認爲只有理性的解析，才能解得開中國社會與文化問題的死結。因此不管我的出發點是多麼感情用事的，可是一旦着手進行理解與分析，我就不得不約束自己的感情，盡量學習西方學者純求知的理性態度了。

中國的社會學者，除去早期的吳文藻、潘光旦等之外，較後的無不深受結構作用主義（structural-functionalism）的影響。像留在大陸的費孝通、在美執教的許烺光和臺大教授楊懋春，有的是結構作用主義的大將馬林諾夫斯基（Bronislaw Malinowski）的學生，有的在留學期間正當結構作用主義的鼎盛時期，因此他們無不努力把焦點集中在中國社會的基層組織上。研究中國社會的外國學者也是如此。像郎女士（Olga Lang）、李維（Marion J. Levy）、傅雷德曼（Maurice Freedman）、斯肯耐（G. William Skinner）以及年輕一輩研究臺灣的中國社會的學者像巴斯特納克（Burton Pasternak）等，簡直可以說無不以中國社會最基本的家族組織作爲研究的對象。他們把焦點集中在中國的家庭結構上，可說是抓住了要害。因此他們已經做了相當重要的貢獻，使我們今日來瞭解中國社會，並不是那麼茫然無緒了。

　　但是我自己感覺到，結構作用主義的理論，太過於依附既有社會結構中各部門間交互影響的關係，對解釋某一社會之所以爲某一社會，相當精確，但卻不容易看出社會之演變以及異體文化間之異同。結構作用主義者經常統合社會與文化作抽象概念式的思考，也很容易忽略了文化與社會這兩種實存的區分。

「文化」一詞，在社會學與人類學中，本就是一個非常混淆不清的詞彙。柯若貝（A. Kroeber）和柯魯孔（C. Kluckhohn）在專講文化概念的〈文化——概念與定義評論〉（Culture: a Critical Review of Concepts and Definitions）一文中羅列了一百六十個對文化的不同定義，可見歷代對「文化」一詞難以有共同的認定。因此我也未嘗不可大膽地把我對「文化」的界定提出來。我的著眼點，乃把「社會」與「文化」兩個概念區分開來。

「社會」是人類集體生活的自然架構。「文化」則是人類因營共同生活而產生的種種抽象的概念、關係、組織以及物質的工具及產品。這樣的區分，仔細考慮下，大概也並不違反在歐陸涂爾幹（Émile Durkheim）以降和美洲柯若貝以降的社會學家和人類學家的一般看法。

我所以在界定「文化」的概念時，需要同「社會」一詞對立起來，因為不如此即無法看出中國文化的特殊面貌。但在分離這兩個概念時，就不能不觸及到心物二元的周折。在西歐的哲學思想中，最難解決的問題就是心物之間的關係。從英國的培根（Bacon）和法國的笛卡爾（Decartes）以降的歐洲哲學家多半都持心物二元的看法，雖然二者的先後有別。直到德國的黑格爾（Hegel）才企圖把思維與存在同一於一體，但最後仍歸之於宇宙本源的「絕對精神」。說穿了，這「絕對精神」，也無異於創造世界的「神」，恐怕仍難以使後世的唯物主義者心悅誠服。其實，黑格爾最大的貢獻，不在他的「絕對精神」，而是他推出了「思維——存在——思維」的辯證發展過程，為後世馬克思顛而倒之，成為「存在決定意識」的辯證唯物論。根據到馬克思為止的這一貫而下的思維結果，我們實在無法認為文化是先於自然存在的。雖然現代的結構主義大師李維史陀斯（Claude Lévi-Strauss）在他的幾部《神話學》（*Mythologiques*）的皇皇巨著和《野人的思維》（*La pensée sauvage*）等書中都明確地表示了「文化」與「自然」爲一體，只是以一種「無意識」的原素使「自然」轉化爲「文化」。以證之於李維史陀斯仿效語言學家德索序（Ferdinand de Saussure）的理論對人類親屬關係的研究（見 *Les structures élémentaires de la parenté*），就可知李維氏也終無法說明文化先於自然，充其量只能認爲自然中本已含有了文化性的結構而已。在人類歷史的發展上，文化則必定是生於自然，而後於自然的存在。從這一種認知出發，就可知社會顯然與文化不同了。除了早期的有些思想家認爲人類進入有組織的社會以前還有一種個體存在的自然狀態，現代的社會學家均不願涉及這樣的問題。馬克思稱最早的人類社會爲「原始的共產社會」，已經指明是一種社會，似乎並沒有更早的一個階段。在我的思考中，人類一開始存在就是以集體的社會形式出現的，不管這集體是何種的親屬或家屬，或其成員之多少，總之絕不是單獨的個人存在，就如蜂蟻的群體社會一般。蜂蟻都不可能是由一個個的個體然後結合而成一個群體，人類的社會也是一

樣，不可能是起源於單一的個人，而後才因爲生活的需要集結而成群體。恰恰正如蜂蟻一般，一出現於地球上進入存在的情狀，就已是社會群體。那麼也就是說，社會與自然爲一體，人類社會與自然等同。

這一點對認識中國的社會與文化非常重要。中國社會的基本組織，與其他人類的社會並無區別，也都是到了某一個階段，正如佛洛依德和李維史陀斯所指出的，成爲以「亂倫禁忌」（incest taboo）爲基礎的「外婚制」（exogamy）。「亂倫禁忌」，可視爲社會與文化之間的一個紐結。因此社會本身沒有成因，社會與社會之間，也沒有根本的區別。有成因、有區別的是文化。這裏可以綜合統一李維史陀斯和馬克思的兩種不同的觀點。前者認爲文化的結構原型已存在於自然中，後者認爲存在決定意識，文化成爲適應一定的下層建構的上層建構。如果中國文化與其他地區與人種的文化有所類同與差異，其類同處，可以李維氏的理論來解釋；其差異處，可以馬克思的理論來解釋。使用兩種截然不同的理論，有沒有矛盾和衝突呢？

如果我們上溯到社會與自然的問題，就會產生矛盾與衝突；但如果把社會看作與自然爲一體，只涉及到文化的問題，那麼李維氏和馬克思的理論就可以在文化與社會之間的辯證發展中統合起來。其統合的過程就是自然社會產生基本文化，基本文化受地理環境、氣候、生產方式等影響反過來轉化並豐富社會建構，受了文化因素影響的社會建構再決定人文文化及其發展。這一公式是結合了李維史陀斯和馬克思兩種相反的理論而成。

但是如何來確定中國人文文化的基本因素？在這一個問題上，我感到極大的困難。如果只從考古人類學的觀點來看，我們必須把我們的認知奠基在地下發掘出來的古代遺物上。而且除此之外沒有其他可以作爲科學研究的可信證據。無奈古代的遺物至今仍不能供給我們足夠的知識，以便對古文化作結構性的或整體性的瞭解。問題並不在於這樣的資料太過單薄、瑣碎，或永遠不可能充足而完整，而在於考古發掘而來的遺物不一定就代表了人文文化的基本因素，很容易引生誤導的作用。因此我只好轉向求助於佛洛依德以來所發展起來的心理分析學（psychoanalysis）。特別是榮格（Carl Jung）的理論給予我很大的啟示。榮氏的探索「人」的心理的基本理論，乃建構在「意識」（le conscient）、「個人的無意識」（l'inconscient personnel）和「群體的無意識」（l'inconscient collectif）的劃分上。「意識」指的是「自我」（égo）以及與客觀世界種種關係之自覺。「個人的無意識」指的是那些被壓抑和遺忘了的意識成分。「群體的無意識」指的則是從人類的先祖繼承而來的所有的意識所自出的深不可測的神秘的淵海。人文文化豈能逃脫此一由一代代先祖繼承而來的「群體的無意識」的淵海？但是如何來探索此一「無意識」的淵海呢？榮氏的方法是利用夢境、神話、傳說等的分析。爲了在個人與群體之間建立一座媒介的橋樑，榮氏創製了「原型」（archétype）的概念。可惜榮氏對「原型」的解釋並不十分具體，大致指的是歷代相傳的一些圖形(images)和象徵(symboles)。但是榮氏所創製的概念卻是一條確認人文文化的有效途徑。

在榮氏理論的啟示之下，我採用了他的方法，使我接觸到一把我認為可以開啟古中國人文文化的奧堂的鑰匙：這就是流傳三千餘年的「姜太公的神話」。

姜太公之做為眞實的歷史人物，並不影響他做為傳說或神話的地位。司馬遷在兩千年前寫「齊太公世家」寫到姜尙的時候，已經用了不少傳說材料，故一連用了好幾個「或曰」，說明了在漢以前姜太公早已經不是個單純的歷史人物了。因此，與文王年紀相若的姜尙，在文王九十七歲逝世之後又過了九年，還能英氣勃勃地助武王伐紂。而且武王竟命當時按理已經有一百多歲的「師尙父與百夫致師」。致師者，打衝鋒也。《史記》的註解上說的很淸楚：「古者將戰，先使勇力之士犯敵焉。」那就是說武王命姜老兒率領一百個勇士先打頭陣，結果竟打了個大勝仗，你說這一百多歲的老頭兒有多厲害？問題不在乎這是不是事實，而在塑造此一形象的心態。這心態中所反映的是，社會中重要的事，像治國家、打勝仗一類，非要十分老的人才足以勝任。姜太公的神話是一個文化性的原型，以後出現的「周公輔成王」、「孔子講學」、「漢初四皓」、「張良與黃石公」等等，都可視作此一原型的衍生。

但是這一個原型代表了什麼意義呢？最重要的意義卽說明了中國的人文文化是一個「老人文化」。我認爲所有以後中國社會所產生的優點和缺點，以及種種問題、種種苦難，都可以從這個基點來瞭解、來解釋。文化卽是後於社會的現象，並不是不能演進和轉化的，特別是在意識到癥結所在的時候。診治和補救的方案自然也應由此而始。

這一本書中所收的文章，並不是學院式的論文，而是爲一般讀者所寫的社會評論。雖然行文盡量通俗，但細心的讀者可以感覺到這些評論的背後有一個理論的基礎，卽以上理析出來的我個人觀察與認識中國社會的哪些門徑，並非卽興式地隨意發言。

這些文章在成書以前能够與廣大的讀者群見面，端賴幾位有見地、有膽識的編者的肯定；否則有些辛辣而尖刻的、容易挑起某些隱伏創痛的評隲就難以有見天日的機會了。這幾位編者是：曾編《大眾日報》副刊的金溟若先生、前任《中國時報・人間》主編高信疆兄、香港《南北極》主編王敬羲兄、前任《時報雜誌》主編林清玄兄和現任《中國時報・人間》主編金恒煒兄。這本書中所收的文章都是經過他們幾位的手，以專欄的面目出現的。

看專欄的文章與看書應該有很大的不同。專欄是單篇出現的，現在卻是按照文章性質編入不同的文集中，其中有了組織和前後照應，那麼獲得的印象就比較全面，而不再是分散的了。

一九八五年九月廿五日於英倫

兩個世界、兩種文化

我國文化雖說已被西方文化沖擊了一個多世紀之久，可是到今天仍沒有達到水乳交融的境地。國內的同胞可能嚮往於西方的物質文明，但一旦出國置身於西方的物質文明之中，馬上就遭遇到適應與認同的問題。中國在歐美的留學生，不管在居留國已經渡過了多少年月，也不管是否有老死於是鄉的打算，更不管對投身於居留國之社會盡了多大的努力，十之八九仍不能完全自溶於他人之社會。國內的中國人可能樂於說洋文、吃西菜，國外的中國人卻相反地以說中國話、吃中國飯為無上的享受。由此可見一國文化在其國人潛意識中是如何的根深蒂固。

然而，不可否認地中國的文化卻在朝着與西方一致的方向邁進中。在經濟上說，中國也在追求工業化；在政治上，中國也在追求民主政治。如果我們不能否認存在決定意識這句話，那麼西方的民主政治主要地乃建築在西方工業革命以後的經濟結構上。工業革命摧毀了封建制度，連帶地使小資產階級興起、資本集中、父權家族破滅。代之而起的是資本主義、自由經濟，是父母大致均權的小家庭制。自然在倫理觀念上也由羅馬族長式的家長獨裁制演變到今日歐美以兒童爲中心的新倫理觀念。這種經濟與社會的變革，反映到政治上就是議會制的民主政體。今日中國似乎也走上了同一條道路。一面農業社會朝工業社會轉化，一面父權至上的大家庭制逐漸解體，代之而起的也是以父母子女爲組成份子的小家庭。因此固有的意識觀念（特別是倫理觀念），便無法完全適應於新近形成的社會具體條件，於是產生了種種的社會問題。其中兩代之間的隔膜，所謂「代溝」者，在中國比在西方各國表現得更爲深刻。不但在國外的子女跟在國內的父母在思想上不易溝通，就是同是在國內的恐怕也遭遇到同樣的問題。比較起來，最感痛苦的恐怕還是國外的一群。一方面固然不能完全溶入他人之社會，內心時時有與一己故國文化認同的傾向，另一方面與代表故國文化（不管所代表是精的一面還是粗的一面）的上一代也有極大的隔閡。於是乎就產生了夾在兩個世界、兩種文化之間左右不得、上下不能的感覺。

中國由康梁維新運動起所走的道路，起始是爲列強所迫不得不然的選擇，後來繼起的種種革命運動，便帶出了自覺自發的色彩。到了今天，中國人所走的路子，既是自覺自發，也是不能不然地朝着西方具體的社會面貌前進。那麼擺在我們面前的圖景，似乎是固有的農業文化漸成過去，西方的工業文明則代表了我們的未來。現在我們正處在過去跟未來之間的過渡的橋樑上。如果我們須要認同，到底應該與過去的文化認同？還是應該跟未來的文化認同呢？這是我在此所提出的第一個問題。

當然談到認同的問題，便不只限於文化的認同，還有種族的認同也該包括在內。譬如說，美國的黑人，在文化上跟美國的白人大致上沒有分歧（由於經濟生活的差別，貧民窟的黑人跟高級住宅區的白人之間文化上的差異還是有的），然而黑人也有其種族上的認同問題。這樣的問題自然也會發生在第二代、第三代的華僑身上。種族上的認同問題，是不是只有返國一途始得解決？這是我在此所提出的第二個問題。

我國早就有「與時俱化」這麼一句哲學意味極濃的成語。事實上卻常常受了物質環境的局限，沒有法子完全「與時俱化」；否則兩代之間也就不會形成「代溝」了。然而，有意的「化」雖不容易，無意的「化」卻在不停的進行中。所謂部分西化或全盤西化已經不再是今日中國問題的癥結所在。今日的問題似乎在如何減輕中國人在轉化過程中所遭受的心理挫折感，日本已是我們的前鑑。日本接受西方文明比我們早，然而到今天仍存在着兩種文化的衝突與矛盾。我不明白三島由紀夫、川端康成等人自殺的眞正原因，不過可以推想其原因必定不只一端、極爲複雜。在兩種文化轉化期中人們所感受的挫折，大概也可以在這些極爲複雜的原因中佔據一席之地。這眞是一樁無可奈何的事！

在國內，處於文化轉化期的今天，我們同時聽到極爲響亮的兩種口號：一種是復古；一種是革新。大概上一代的人叫的是復古，年輕的一代喊的則是革新。兩方面都喊得聲嘶力竭，互不相讓。上一代的苦楚是眼看着目前這個社會變化太快，不數年已如處身異域，在思想情感上都有茫然若失的感覺，因此便竭力抓住那轉瞬即逝的一些什麼，深恐一旦盡失所有。相反地，年輕的一代則感覺上一代阻礙了下一代前進的道路，以致使社會的政治的改革無法配合經濟的進展，因此要求各方面都非得徹底革新不可。這種不可否認也不可忽視的矛盾，如何才能使之統一？是應該有意地提醒上一代與時俱化呢？還是應該煞一煞年輕人的燥氣，以安慰上一代茫然若失的寂寥心情？這是我在此提出的第三個問題。這些問題都是年輕人的切身問題，一定有很多人對這些問題早已感覺到了，早已考慮到了。我希望能够在此看到

絕對文化、老人文化與文化突破

——中西文化的整合問題

最近接到倫敦大學學誌寄來去年出版的由 Jeannette L. Faurot 編輯的一本評論臺灣小說的書，要我寫一篇書評。翻開一看，其中多半是在美的中國學人的論文，小部分是研究中國文學的美國學者寫的。論文都很有深度，這與所評論的小說都已具有相當的深度有著直接的關係。只有在具有深度的文學作品出現時，才能激出具有深度的文學批評。這實在是一件爲臺灣的文學——大而言之，爲中國的文學高興的事。其中每一篇文章，都給予我不少的感想。但突然間觸動我靈機的卻是王靖獻那篇評七等生的小說的論文。

我說是觸動靈機，是因爲自從去夏在二十年的間阻後又回到臺灣，看了臺灣種種興旺的盛景歸來後，心中鬱鬱然不能釋懷者將近數月的光陰。理智上的讚嘆卻引來情緒上的低沉，不是很矛盾的嗎？我自己不知其故，與友人談起也分析不出眞正的原因。直到現在看到王文中提到七等生的〈散步到黑橋〉，心中忽有所感，趕緊找出《現代文學》原刊〈黑橋〉的那一期，重讀一遍，才恍然若有所悟。當日我讀七等生這篇抒情小說時，只覺情調美鬱侵人，但因爲與臺灣久違的關係，不曾目睹臺灣的種種變化，並沒有產生體切的理解。現在重讀〈黑橋〉，不但深受該文的感動，完全體會到作者的易感的情懷，而且解開了一部分我自己由臺返英後心中沉鬱不釋之謎。原來我幼年的靈魂跟現在的我中間也有著矛盾的。我所肯定的，我的幼年的靈魂卻不一定贊成。借王靖獻的話來說，是因爲我幼年的靈魂在堅持著昔日的遐想，而不肯面對今日之現實。

七等生的童年的靈魂爲變了顏色和形狀的黑橋而號哭慟泣，白先勇爲失去了的堂前的燕子而哀傷，曹雪芹為永逝的大觀園而柔腸寸斷，所有的中國人難道不為夢魂中的故園、故物、故人、故有文化而暗泣嗎？當然會的！只要有情的人都會的。但是在悲泣之後，仍不得不擦乾眼淚來面對嚴酷的現實。七等生在慟哭之後，得接受工業化了的臺灣現狀。白先勇也不能不安於沒有了燕子的異國的生活。曹雪芹呢？我不知道，但是據說在離開了大觀園之後，雖然流落在貧陋的黃葉村，不是也很起勁兒地撰寫他的紅樓夢嗎？文學和藝術的作用，在幫助我們發洩了我們積鬱的情懷之後，也許使我們產生出更大的勇氣來面對現實的吧？

不過此地我想談的不是文學的問題，而是文化的問題。就文化層面而言，任何生活的改變都牽涉到文化認同的問題。曹雪芹失落了大觀園，只是由於家族之興敗，並非產生於民族性或地域性的文化的更替，但以曹雪芹對新境遇難以認同的主觀情感而言，則一樣的嚴酷而深刻。白先勇作品中的懷舊情懷則除了家庭的因素外，還來自地域性的文化轉變和歷史性的文化轉折，客觀言之，比之於曹雪芹所遭受的文化變動的衝擊更要強烈，但在作者主觀上的感受強度則有一定的生理限度，不必要定與客觀事實成正比。至於七等生在〈散步到黑橋〉中的感受則客觀的層面更要廣大，因爲黑橋的改變不但象徵了經濟和社會結構的巨大變動——由小農社會轉化爲工業社會，而且也象徵了西方文化在各種層面上的勝利與成功——工業化、人民生活習慣的改變，甚至於〈黑橋〉中敍述者的兩個妹妹都嫁給了美國人而依附於另一種文化而生活。敍述者自己一面悲歎於這種巨大的文化變動，一面卻不由己地盼望到美國去探望他的妹妹。七等生實在把握住了現代中國人，在面對歷史和民族性的文化轉折中和在與新文化的認同中所表現的那種矛盾心理。

中國人目前所面臨的最大的一個問題，恐怕就是文化的承續與更替這一個問題。這個問題特別引起知識界的關懷，不但是唐、錢、牟、徐等具有儒家史觀而奮力振興新儒學的學者所關切的題目，同時也是主張西化的人士，如已去世的胡適之和殷海光等學者所不曾忽略過的。

每一種文化都具有主觀與客觀的兩種面相。容我在此暫借兩個名詞來表達我意欲表達的意思：一個是「絕對文化」，一個是「相對文化」。客觀言之，所有的文化都是相對的，不但其演進的過程可以而且曾經彼此影響，其價值觀念也可在比較中而見高下。但主觀而言，所有的文化則都是絕對的。因爲在長久的演化中，每一個自成體系的文化都有其自身的結構與作用，幾乎難以與不同體系的文化做個別性的比較，也因此每一種文化都先天地具有一種強制性、侵略性和排他性。當兩種不同體系的文化交鋒衝激時，大概可以產生兩種不同的結果：一種結果是一種文化傾覆而消失，另一種文化吸收了敗績文化的殘餘後，維持原狀或形成另一種新文化（視敗績文化的殘留成分而定）；另一種結果則是雙方面混融而形成一種或多種新文化。前者最明顯的例子莫若西班牙人之征服中南美洲。中南美的印地安人的文化雖然傾覆而消失了，但是它的殘存使中南美的文化有別於西班牙的文化。後者最明顯的例子則莫若希臘羅馬的文化傳統與希伯來基督教文化混融後所產生的各種不同的西中國人之所以特別具有一種「絕對文化」的意識型態，乃是由於中國在鴉片戰爭之前始終未曾遭逢到強有力的文化的衝擊，中國人也就不免養成了一種爲自己所嘲笑的夜郎人的那種以本體文化爲中心的觀念。今日有些西方人也是如此，因爲不曾遭逢到與西方文化力敵的對手，便不免養成一種以西方文化爲「絕對文化」的意識型態。但在經過了鴉片戰爭的慘敗、五四運動的洗禮和近代中國的大變革之後，大多數的中國知識分子都可以跳出自己的文化本位比較客觀地觀察這一個世界，而可以採納「相對文化」這一觀念。也就是說文化的價值不應是絕對的，在必要時需要加以調整，甚或改弦易轍以適應新的情況。在考慮到整個人類發展的情況下，不能適應新情況的文化因素，當然應該讓步，不管是自己多麼珍惜的或是混融了多少個人的私情在內的文化因素。

但是這裏又牽涉到另一個問題：如不由某一種文化的本位出發，又該以什麼做爲標準來衡量適應與否或價值的高下？特別是這種混凝了個人經驗和主觀情感在內的文化因素，如何能得到客觀的標尺？這個問題的確是不易解決的，但卻也並不是絕對不能解決。時間和自由是解決這個問題的兩把鑰匙。有充足的時間，給予人們留戀徘徊與促生重生的決心的餘裕；同時給予人們充分抉擇的自由——包括肯定自我與否定自我二者在內。如果把否定自我看做是再肯定或新生的起點，也許就不至於懷抱了過多的自卑或自傷的情懷。

日本的文化變遷是一個很好的例子。日本並非不曾有過本位的文化，但在漢唐間遭遇到中國文化的衝擊時，很快地調整了自我的文化，適應了新的情況。到了十八、十九世紀間，又遭逢到西方文化的衝擊，又相當快地調整了步伐，適應了新的情況。我們在嘲笑日本人沒有文化慣會學樣之餘，靜下心來想一想，是否原來的日本文化中本就具有了一種迅速應變的機敏的因素，和勇於學習吸收的寬大包容的精神。如果這麼一仔細觀察，原來以爲日本人文化缺點的可能正是他的優越之處。以日本的地理環境，沒有成爲今日的另一個爪哇島，那就足以表示日本的文化決不簡單！今日，如果西方的文化要找一個對手，那就該是日本。可是日本畢竟太小了，無論就地理面積和人口而論，與它的國勢都不成正比。我們假設說，要是換成中國，有中國的地理環境和人口，加上日本式的經濟和文化發展，不是正可以做爲西方文化的對手了嗎？可歎的是中國不是日本，中國到現在還沒有日本式的發展。將來中國是否可以發展成爲一個經濟和文化的大國，尚在未知之數。如果我們要來問：中國和日本在近代史上幾乎有同樣的機會，也許在物產和人手的條件上更優於日本，爲什麼日本可以做到的中國做不到呢？要回答這個問題，就不能不再回顧到中國文化的本身，加以仔細的思考與反省。

前文已經說過，不經比較的文化，便是絕對的文化。在絕對的文化中只有從結構與作用上來瞭解，而不能做價值的評斷。例如我們可以瞭解爲什麼女人纏足是中國文化的一部份，但不能離開當日的社會結構來評斷纏足之是非。今日我們就可以評斷婦女纏足之是非，那是因爲不但有了文化上的比較，而且中國的社會本身也發生了根本的變動。同理，就整體文化而論，在經過了西方的人類學和社會學的百餘年的研究成果之後，早就有了細節的和籠統的比較，所有的文化都可以從比較的層次上做進一步的瞭解。在本文中，我只提出一個前人未曾注意的觀念做爲一種研究和瞭解中國文化的起點，而非做爲一種結論。根據我個人的觀察，中國文化並不一定是一種老化了的文化，但卻是一種「老人文化」。這其間有什麼差別呢？老化了的文化乃指一種文化因發展的歷史久遠，呈現出僵化的特徵，失去了應變的機敏性。「老人文化」則指以老年人的感官反應、思維方式以及習慣嗜好爲中心爲主導所形成的一種文化。這兩個概念的思考層次不同，不可混爲一談。

談到中國文化，就不能不談儒家。企圖以儒家的思想概括中國文化之整體，固然極爲謬誤，但否認儒家在中國文化中的主導地位則一樣地不合事實。據史記的記載，儒家文化的兩個重要的奠基者周公和孔子，在他們的思想和言論發生作用的時候，都已經是老人。另一個對周文化有決定性影響的姜尙，一開始就以老人的姿態出現。那麼在當時的具有影響力的決策者均爲老人，蓋無疑義。這當然並非一種歷史性的偶然，因爲中國至少在周代已經形成以家族爲中心的社會結構。家族不但是一個社會組織的單位，同時也是一個政治組織和經濟生產的單位。在這樣的一個單位中，領袖的產生自然是遵循當日自然演變的法則，以年紀最大的男性爲族長，然後以男性的嫡長世代相傳，即所謂的「宗法制度」。因此制定政策參與謀略者皆是年長的男性，而婦女與年輕的男性不與焉。從周到秦漢間，甚至說直到今日，主導政策和社會運行法則，無不顯示了男性老人的感受與視野。

老人的感受與視野表現了幾個很顯著的特點：

第一是持重難變。因老年人的感覺器官逐漸退化，失去了應變的機敏，不容易改變自己的意見和看法。在理論上常以「擇善固執」的立論取代「日新又新」的精神。

第二是反進化的態度。由第一個特點的保守的心態，衍生出對新生事物之排拒心理，因此對歷史的演化採取退化的或者說朝後看的史觀，認爲春秋時代不如周，而周則不如三代。這自然也是來自老年人懷念自己幼壯時的一種潛意識作用的反射。

第三是以理想代現實。老年人之感官失靈，使他不由己地陷入與當下的現實發生某種阻絕的情狀，不易把握易變的現實的新形貌，自然以理念中的眞實取而代之。這一特點在儒家思想中特別明顯。不但阻礙了科學精神的發展，而且增添了中國歷史中的種種諱筆和假想的史實。

第四是口舌感官特別發達，其他感官則相對的較爲遲鈍。這一點從重口舌之慾而輕聲色之慾表現得極爲清楚。這自然又是老年人的特有現象。

第五是對性慾之恐懼與輕視，連帶地輕視婦女之地位與其生理現象。自然這也是老年人之心態。

第六是重腦而輕身。老年人已身頹力衰，不能在身體上取勝矣，因此輕視體力勞動，厭惡運動，不強調人體之美，而寄美感於自然。

第七是對老年人之地位與利益在理論與實際上均盡力維護而輕忽兒童、婦女及年輕人之地位與利益。

例子是不勝枚舉的，以上僅舉其犖犖大者，反證則很少，或者難以舉出。這種「老人文化」正符合了依循四季循環進化遲緩的農業社會的發展要求。因此在數千年的中國的農業社會中一直不變地處於主導的地位。相對農業的生產方式和大家族的社會組織而言，自有其高度的價值。但在相對於今日的工業社會與日漸式微的大家族組織而言，則不一定相適應。我們習以為常的價值標準是一回事，現實的要求又是另一回事。這不但是今日中國人不易自解的一種心理負擔和痛苦，也是一種文化的悲劇。沒有人在自己世代相傳的文化的衰微與變動中無動於衷。但是敢於否定自我的勇敢與堅強，敢於面對現實以期重獲新生的勇敢與堅強，豈不是也來自我們文化中更深厚的一種根基？也許這種根基久為表面的浮相所掩蓋，而為我們所忽略了。如果我們抓住了這種原生的生機，就不怕任何異族文化的衝激與侵越。

這種原生的生機，在中國的文化中是具有的。只要我們把視野擴大，不要只侷限在儒家一家的傳統中，我們就會發現中國文化中還具有其他埋沒了的隱晦不彰的寶藏。在此我們僅提出道家的思想做一個例子。在中國文化的發展中，道家的思想不只一次地補充、刺激、扶助了儒家思想的發展。道家思想雖然不適合中國的社會結構，無能取代儒家思想而處於主導的地位，但卻豐富了中國文化的內涵，而且常在重要的關頭盡到了起弊振衰的作用。

今日與其扞格難入地在儒家的格局中接枝現代的意識，反不如從莊子的「齊物」與「逍遙」中尋求一種重生的出發點。如與儒家的思想相比較，莊子的思想很明顯地代表了一種寬大包容的年輕的心懷，和富於幻想勇往進取的精神。這恐怕也正是爲什麼南華經之成爲歷代具有反抗精神的青年人的瓌寶，而見棄於以老年人之意識感觀爲視野的統治階層的原因。其實歷代具有反抗精神的青年人所取於南華經的，常常只是其個人精神解放的一面，用以抵制儒家的末流所造成的僵化與窒息的氣氛，而忽略了其寬容進取的一面。今日我們重讀南華經，就更可以領略到其正面的價值和積極的精神。其中有兩個與現代民主與科學的意識型態可以相啣接的重要基點：一個是「齊物」的胸懷，使我們眞切地體會到「包容異己」——無論在個人精神之成長或集體文化之發揚上——皆爲一種必要的條件。二是「逍遙」的精神，可以教給我們如何做自我之割捨，如何衝破自己心理的牢籠而展翅高飛。

最近讀到張灝先生一篇討論〈傳統與現代化〉的文章，覺得有很深刻的洞察力。但有兩點我想應該補充的是：一、不能以儒家的學說概括中國傳統之整體；二、雖然可以借鑑於傳統來批判現代化中的缺失，但不應以傳統範限現代化之發展。主要的原因，乃是由於人類的未來，對目前的人類是一個未知數。在「範限」與「自由」之間，後者應重於前者。我們只要回想到一百萬年以前人類的先祖的時代，那時候可以稱做「人」的這種動物，何嘗會夢想到一百萬年以後的今日？所以不管人類多麼輝煌的成就，對未來而言都是墊腳的歷史陳跡。西方人的勇往直前的精神，固然引起了很多人的憂慮，但是比之於原地踏步或繞圈子式的發展，總有其值得稱羨之處。說到底，一朵盛開的花，固有它的時限；一朵萎靡的花，也並不能因此而持久。兩相比較，與其萎靡而終，則不如盛放而死。如果像斯賓格勒所認為的一切文化都有其一定的生命過程，如果像天文學家所測知的任何星球都有其一定的壽命，那麼原地踏步式的發展，也並無能阻止大限之來臨。繼續向不可知的未來做「無限」式發展的鴻圖，仍是目前人類可見的唯一希望。在這樣的考慮之下，我們就寧願像西方人似地把蘇格拉底、柏拉圖、亞里斯多德以及以後的任何人類的精英，當做前進中墊腳的基石，而不願把孔子、釋迦牟尼和默罕默德奉為指路的明燈，以之為永遠不可超越的神明。東方的文化，在物質和精神發展的雙方面，都已不能自主地追踪上西方發展的腳印。東方文化的未來的道路，不應該是退縮，而應該是超越，也就是說應該踏上西方文化的肩，向前邁進。

今日臺灣工業化了的現狀，雖然離開滿清的傾覆還不到一百年，又豈是清末的中國人所可夢想得到的？我敢說如起慈禧太后於地下，到臺北一遊，一定比英女王伊麗莎白二世到臺北還要覺得陌生。就是我自己，雖說只有短短二十年的間隔，臺灣的變化已經超出我的夢想之外。我由臺返英後心中的沉鬱不釋，我現在瞭解到，大部分出於一種情感的作用，因爲我也失去了我心目中的「黑橋」！我再也看不到那些低矮的日式木屋、幽靜的巷曲、市郊的稻田、土路上的牛車，和在黧黑的臉堂上淌著熱汗的三輪車夫。甚至於最能引起我對臺灣的懷念與聯想的那種清脆的木屐聲，也聽不到了。自然也難以再見在田野中到處漫步的白鷺和清澄的溪流。黑色的木板橋呀，已經鋪成了灰色的鋼骨水泥！我的幼年的靈魂，跟七等生的一樣，也在號哭慟泣了。可是在哭過之後，不管現實顯現了多麼冷酷無情的面色，我們能不接受嗎？如果我們因此而灰心喪志，那就足見我們自己心理上的孱弱與衰頹。文學的最大功能之一，就是使我們眞實地面對我們的痛苦。最使我們難堪痛苦的作品，常

從兩本書說起：談中國社會之發展

西方資本主義的興起在人類發展上是一件大事，因爲它使西方世界的文明發展到前所未有的高度，它使佔人類總數極小的一部分的西方國家稱雄世界將近兩百年，它也使其他地區的國家羣起效法西方的模式，幾使「現代化」一詞成爲「西化」之同義語。現代人對西方資本主義之興起興趣之濃、鑽研之勤自不待言。因爲研究這一個大題目，同時也就牽出了另一個大題目：何以像中國這麼一個地大物博人眾智高的國家民族竟沒有發展出資本主義來？韋伯（Max Weber）是西方最早注意到這個問題的一位傑出的社會學家。他雖然不是漢學家，卻寫了一本《中國的宗教》（*The Religion of China*, Gerth 英譯本一九五一年出版）出來。這本書如果當研究中國宗教的參考書，那就很叫人失望了。因爲韋伯寫這本書的主要的目的是爲了支持他在他那膾炙人口的名著《耶穌教之道德與資本主義的精神》（*The Protestant Ethic and the Spirit of Capitalism*, Parsons 英譯本一九五八年出版）一書中所發表的高論。他認爲資本主義的精神是直接受了西方宗教改革之後的耶穌教的道德之影響的；也就是說耶穌教的道德倫理觀在資本主義之興起與發展中扮演了一個決定性的角色。因此他認爲中國本來應該是比日本更容易產生資本主義的國家，但結果竟沒有產生資本主義，究其原因，經濟的、社會的、政治的、法學的阻礙都不能算最基本的原因。什麼才是最主要最基本原因呢？那就是中國的宗教。他以爲不論儒學還是道教都缺乏耶穌教中那種清教徒的精神。因此資本主義始終未能在中國發展。

韋伯這種偏重於唯心的觀點，不但對西方學術界有極大的影響，而且特別受到日本學術界的崇拜。其實他的觀點，今日看來是頗爲偏失的。

第二本要談的直接關係到中國社會發展這個大問題的書是艾文（Mark Elvin）的《中國過去之範型》（*The Pattern of the Chinese Past*. 1973）。這本書從一九七三年出版以來很受到學術界的重視。艾文是學經濟史的，又通漢學，他的觀點就比韋伯的更具有說服力了。他認爲中國農業及運輸技術之發展在明清之際已達到工業化前社會之頂點，既缺乏改進之誘力，亦幾無改進之可能。再加上人口之激增，使生產值相對減低，因此而無集中資本之可能性。這種社會的範型，他稱之謂「高水準均衡之陷阱」（high-level equilibrium trap）。相對地他以爲像英國之工業革命則沾了小國寡民以及生產技術落後的便宜。

艾文的觀點不同於韋伯者，乃在於他認爲一個社會之發展並不決定於宗教之道德觀及意識型態，而決定於由經濟、技術、社會組織、人口諸問題之相互關係與作用所形成之範型。然而他們相同的一點，則均以西方社會之發展爲主體而立論，換一句話說，也就是認爲西方社會之發展爲最進步之範型，其他社會在進化的觀點上看均應朝此一方向而前進。所以其他社會未能達到此一境界者，乃因爲或者受了道德觀念，或者受了社會經濟型態之阻礙使然。

這種以西方社會爲主體而來研究其他社會發展的觀點不但籠罩了整個西方的學術界，而且也影響了東方的學術界。此乃因爲自達爾文的進化論發表以後，世人均目之爲自然進化之眞理，以致斯賓塞（Spencer）的社會進化論與達爾文之進化論互爲表裏，而爲人稱之爲社會達爾文主義。斯賓塞卽認定西方的社會型態是最前進的社會，其他社會則非原始，卽落後，而且必定朝西方社會之型態而演進。馬克思雖然在某些方面表現了對達爾文主義之反動，但其進化觀與斯賓塞仍是一致的。他原以爲共產主義應產生於資本主義最發達的社會。而且他判定了東方社會爲一種落後與停滯不前的生產方式，卽所謂的「亞細亞生產方式」。因此影響到中國的歷史學者與社會學者亦循此路線來思考，盡量搜尋明清時代資本主義在中國萌芽的證據。這都是受了斯賓塞以降這種「單線進化觀」所蒙蔽之故。這種觀念到了本世紀中葉才引起了西方的社會及人類學者的懷疑與不滿。斯提華（Julian Steward）即提出了「多線進化」之理論（見其《文化變遷之理論》*Theory of Culture Change*, 1955）。近世人類學及社會學的研究差不多使人難以再相信人類社會是沿一條單線發展的。然而這種西方大國沙文主義的「單線進化論」卻仍然陰魂不散，以致使羅斯徒（W. W. Rostow）之流的經濟發展階段論大行其道。如果以此理論來發展經濟，跟西方國家競賽，無寧以牛步追汽車，就是累死牛、拖破車，也追不上西方。

現在如要研究中國社會之發展，在思考上非要對前人的「範型」（Paradigm）實行突破不可。中國社會之發展不一定非要產生資本主義。中國的傳統社會自有中國社會之發展趨向。其他非西方之社會無不如此。西方之資本主義之興起乃是人類歷史發展中之一種偶然現象，視之謂一種變態亦非不可。試想美國這種以汽車工業為主體的社會型態，何能必為人類社會發展之必然歸宿？今日西方工業社會對自然

愛者有之，照顧周到者有之，但這些都是特例。一般的社會風氣，則是對兒女採取漠視，忽視的態度。有的父母是因爲無知，有的父母則是因爲自私自利。譬如說在西方國家，要是有一個父母不顧兒女是否吃飽了肚子，把錢都浪擲在吃喝嫖賭上，一定無法見容於社會，我國的輿論對這種情形則視若無睹。過去中國有些大家庭，甚至開出兩種或三種不同的伙食，年紀越輕的吃得越差，特別倒霉的則是女孩子。我自己就親耳聽見有些做長輩的說過，你們年輕人吃石頭也化得了。眞的年輕人吃石頭也化得了麼？恐怕未必！中國人之所以有這種見解，大概是受了「七十非肉不飽」這句話的影響。年紀大的人吃好一點，原是無可厚非的。但是不能相對地引伸到：年紀大的人應該吃得好，年紀輕的人就應該吃得壞這一結論上。在西方國家中，因爲祖父母不跟自己的兒孫同居，自己愛吃什麼吃什麼，沒有這個同桌共餐的問題。在父母兒女之間的伙食問題上，則是根據父母收入的情況，做出一種合理的分配。一般說在發育期的兒女，如果得不到父母在飲食上額外的照拂，總不會比父母吃得更差。通常做父母的都是選一塊大一點的牛排放在兒女的盤裏。原因何在？因發育期的青年人比成年人及老年人更需要營養。稍有一點醫學常識的人都可以知道，過多的鈣和蛋白質對老年人的骨頭是不利的，肉類則同樣會引起老年人的血管硬化。相反的，這些東西都是一個在發育期的年輕人所不可缺少的營養要素。那麼在一個經濟不太充裕的家庭中，是不是應該剝奪了年輕人不可缺少的營養去加強老年人的骨骼，血管硬化症呢？

對嬰兒及幼兒的飲食，在西方國家都是由醫生根據嬰兒的體質決定日常的食品。一歲以下的嬰兒每月做一次體檢，兩歲以下的則二、三個月做一次。當然這種體檢都是由社會保險負擔，不必自己出錢。我國現在恐怕還沒有這種免費的制度；即使有，做父母的人是否肯犧牲了自己打痲將，逛酒家的時間，每個月都到醫院去枯候上好幾個小時呢？

中學以下，學生住在家裏，營養問題尚由父母自己負責。大學以上，則多半住校，對這些年輕人的營養問題，做父母的更是不管不問了。我們只要到幾個大學的餐廳裏去看一看，中國的大學生到底吃些什麼？其實到了大學這個階段，有許多是已經成了年的人，這時候已不只是父母的責任，社會及政府都是責無旁貸的。西方國家中都有大學食堂的設置，學生只要付出五分之一或十分之一的價錢，就可以吃到相當好的餐食。其餘的則由保險機構或政府津貼。其實羊毛出在羊身上，政府從稅收裏提取一筆款項來衞護青年大學生的健康，這些青年人都是納稅人的子女，納稅人能有不贊成的嗎？

我們窮，這個問題是無法一時解決的。但在有限的經濟範圍內，尙可以做出一種合理的分配。最少最少，也應該設法扼止犧牲了下一代的健康而把錢虛擲在打麻將，逛酒家及不必要的應酬、拜拜等行爲上。我們絕不能因爲兒童及青年人不懂或不可能向父母抗議，就來虐待他們！這關係著我們下一代的國民健康！

原載一九七〇年二月十七日《大衆日報》副刊

被動精神

最近一年來，由於美國人發現DDT、味精、糖精、菜園裏所用的殺蟲劑、以及婦女所服用的避孕藥物，都對人體有極大的危害，於是我國才景然風從，嚴令禁止。好像我國也設有對公共衞生，群眾健康負責的衞生機構，好像這種衞生機構也有化驗室的設置，也雇用有從事化驗工作的科學人員，但不知他們除了讀一讀美國人研究的成果報告以外（是不是讀過也有問題），是不是自己也做一點化驗的工作？如果美國人沒有公佈以上這些藥物及食用品的害處，我們自己是不是有發現的可能呢？是一個疑問！

另一件事，去年十二月一日《中央日報》的頭條新聞是改善道路交通安全。文曰：「據交通部說：交通部自七月間接奉行政院的限期杜絕車禍命令後，卽會同有關機關研訂『改善交通安全工作初步方案』，並於八月五日邀集各有關機關組設道路交通安全督導組，積極策劃全面進行。三個月來，交通肇事率已經遞降，死傷數也減少。」這個報導說得很淸楚，交通部是接到行政院命令後才著眼於硏訂所謂的改善交通安全方案。普通在一個國家之中，像交通安全這樣的問題是不是須要上級的命令方採取行動？要是沒有上級的命令，不管交通肇事率多麼嚴重，交通部跟有關機關是不是就該袖手不問呢？

以上這些現象，眞說明了我們是一個「被動精神」旺盛的國家。如果基本精神是被動的，所有枝節上的改革都會徒勞無功。我們試問我們在社會上爲什麼事事都表現如此被動？那得先想一想我們的家庭跟學校有沒有給孩子們及靑年人一點兒自動自主的敎育。

當然，被動精神比完全不動還算略勝一籌。但被動久了，會不會有流於不動的危險呢？

原載一九七〇年二月日《大衆日報》副刊

婆媳之間與名分問題

十二月二十三日《中央日報》航空版有一則社會新聞：「婆婆嫌湯圓湯太多，媳婦負氣服毒死，苗縣苑裏鎮發生冬至命案，通霄分局處理中。據警方調查，死者林秀欽，於昨日上午六時廿五分，在煮冬至湯圓時，因其婆婆嚴運妹嫌她放的湯太多，責怪了幾句，她竟負氣服毒輕生。」

從記者的措詞上看起來（特別是竟負氣死的「竟」字），好像在責怪死者死得不當。對林秀欽的死，以後卽未見其他報導。試想，我們把上一則消息中的「婆婆」跟「媳婦」二詞對換，也就是說死的是婆婆，而不是媳婦，敢說不但記者報導的措詞會大不相同，甚或可能掀起一場社會輿論的風波。

其實婆婆跟媳婦同樣是人，而且婆婆是過去的媳婦，媳婦則是未來的婆婆，實在沒有偏袒的必要。爲什麼我們的社會風氣總愛偏袒婆婆而厚責媳婦？不用說，那是因爲「名分」的問題。我國傳統上就是一個「名分」的社會，本無足怪。可是要是把「名分」推到極至，那就只見名分，不見人。譬如說，同一個人，一旦飛黃騰達，人們就敬之若神。要是他一旦塌下臺來，人們又厭之若鬼，全不問這個人本身的價值如何。在家庭中，要是兒子頂撞父親幾句，那是逆天；父親把兒子揍得皮開肉綻則是理所當然的教訓。在學校裏，老師揍學生也是理所當然，學生要是打老師一個嘴巴子，則形同造反，非開除不可。我們爲什麼會有這種偏見，「名分」使然也。偏見成習，則會誤以爲眞理。

「名分」的形成，自然有其一定的歷史的及社會的背景。但今天我們在一個講求自由民主與個性發展的時代，像這樣的「名分」的偏見。應該算是進步的現象呢？還是落伍的現象？

原載一九七〇年二月×日《大衆日報》副刊

沒有意見

中國的大學生，如果你請他到飯館裏吃飯，問他想吃什麼他一定說「隨便」。如果你問他對現行的教育制度滿意不滿意，他多半會說「不知道」。如果你問他對越戰的感想，他很可能答覆你個「沒意見」。如果你問他有關政治的問題，他會笑笑，什麼也不說了。

非洲我沒去過，我不知道。歐洲、北美跟拉丁美洲的大學生，可是眞大不一樣。這些問題，不等你問他，他就來問你。其實不只是問你，而是向你發表言論。他們的言論自然免不了有偏叵或不成熟的地方，但精到、中肯的也很多。有時候連中年以上的人也不免大吃一驚，不想小小的年紀竟有如此的見地。

我們不但大學生沒有意見，這種沒有意見的情形常常延伸到墳墓。所謂「病從口入，禍從口出」、「大智若愚」、「聖人無言」、「明哲保身」等等等等都是鼓勵人沒有意見的至理名言。大家都沒有意見是不是一件好事呢？若是我們尚生活在「鷄犬相聞，老死不相往來」的社會，有沒有意見大概沒有什麼關係。可是不幸我們已經到了超音速飛行的時代，最遠的國家，也不過十幾個小時的路程。要是你沒有意見，別人可有的是意見。你不是沒有嗎？好極了，你就聽我的吧！我就可以永遠牽著你的鼻子走。所以說年輕人凡事都沒有意見，對一個國家，一個民族而言，不是一件好事，如果看得遠一點，可能是一件大不幸。

爲什麼我們的青年人（或者乾脆說我們大多數人）沒有意見？這得歸功於我們的家庭跟學校教育。在家裏，只有老子說的，沒有兒子說的，成了習慣。在學校裏，只有老師說的，沒有學生說的，又成了習慣。所以到了社會上，自然不習慣發表自己的意見。那些做老子跟做老師的本來應該有自己的意見了吧？可是不成，因爲他們也是從做兒子跟做學生出身的，所以也不習慣有什麼意見。既然做了老子，做了老師，非得拿出點意見不可了，好吧，只有人云亦云地拾點別人的牙慧，拿來教訓自己的兒子跟學生。我國過去的科舉考試，出起考題來常常用什麼「論」、什麼「策」等等，好像在鼓勵年輕人發表點自己的意見。其實也不然，因爲應試的人心裏有數，你要是不言孔孟之言，你要是溢出了五經，四書的繩墨，不但別想榜上有名，被人目爲異端，挨上學官的一頓板子都是可能的。所以我們只能沒有意見，一定要我們發表意見時，我們只好說：「孔老夫子是這麼說的，孟老夫子是這麼說的。」念了幾天英文的人，就說：「杜威是這麼說的，羅素是這麼說的。」至於生活在大陸上的年輕人，則只有「馬克思云、列寧曰」了。

原載一九七〇年二月日《大衆日報》副刊

標新立異

標新立異，在我們習慣的用法上，是貶詞，而不是褒詞。這種措詞的習慣，實際上反映了我們的一般社會心理。客觀地看來，新的總比舊的好，不同的雖然不一定是好的，但也不一定是壞的，那麼爲什麼我們如此的厭新惡異呢？幾千年以來的保守主義使然也。保守也就是惰性。一個人一有了惰性，便寧願抱殘守缺（習慣上此乃褒詞也），絕對不思改革，不知進步爲何物。譬如說，你要是勸一個有惰性的人出去旅行，開開眼界，他一定對你說「秀才不出門，能知天下事。」其實只是因爲他骨頭發懶，不想動罷了。

一個人有惰性，只是一個人的問題，一國人都有了惰性，便成了一國的大問題了。在我們的歷史上有兩個亟思改革的人，一個是漢朝的王莽，一個是宋朝的王安石，無不被其當代人及其後人罵得狗血噴頭。原因就是大家都過慣了一動不如一靜的日子，誰要想變變花樣，就免不了落個該殺的異端。王安石若是變法成功，其後果我們不敢臆測；但王安石變法的失敗，則很顯然地造成了有宋一代農業經濟的衰退。明清以來，資本主義在我國遲遲地抬不起頭來，跟國民的惰性不能說沒有關係。

現在我們看到歐美的科學的進步，以及物質及文化生活的豐富，禁不住兩眼都看紅了，心裏也極想迎頭趕上。可是如果那種崇古守舊的心理仍然是這般熾熱，如何又能期望少數幾個人變出什麼新花樣來呢？再看看我們的孩子，在學校要一律穿一色一式的制服，要剃一樣光滑的光頭，走路要走正步，說話要人云亦云，考試最好的是照抄書上的原文，背得一字不差就得滿分。在這樣的熔爐裏陶鍊出來的孩子，你又能期望他變出什麼新花樣來呢？也許有人說，我們只要在科學上迎頭趕上，在生活上我們還是反對標新立異。這無寧等於說我們只許樹上的一枝發芽長葉，其他的都該剪掉。

新與異其實既不可厭，又不可怕；可厭可怕的倒是那種厭新惡異的心理。

原載一九七〇年二月×日《大衆日報》副刊

類發展的歷史上，倫理觀念是由一定的家庭關係、社會組織以及經濟生產方式而來的，也就是說在某一種經濟生產方式之下產生某一種社會組織，在某一種社會組織之中產生某一種家庭關係，因爲某一種家庭關係才有某一種倫理觀念。絕不是先由某一神祇或某一聖人天才地創造了一種倫理，然後人類的社會根據這一種倫理觀念來發展的。所以在不同的國家跟不同的社會之中有不同的倫理觀念，是很可以理解的事。即使在同一個國家，社會狀況發生了變動，倫理觀念跟著改變，也是很可以理解的事。倫理觀念正如人類其他的觀念一樣，不是絕對的眞理，而是因時因地而變更的，這是我們首先應該弄清楚的一件事。

我們的倫理觀念基本上還是農業經濟，父權社會，君主政治時代的產物。現在我們既然正在從農業經濟過渡到工業經濟的階段，父權社會也已動搖，君主政治總算已經不存在了，我們是不是還應該或有此必要一定要維護著許多已經過時的倫理觀念呢？要是我們一定認爲我們的倫理觀念是美不可言，放之四海而皆準的絕對眞理，邏輯上就應該同時承認農業經濟、父權社會跟君主政治都是理想的制度；否則，那便是很矛盾的事。物質環境是變動不居的，如果在抽象觀念上只是泥古不化，那不過是徒然爲自己製造無謂的衝突跟無謂的煩惱而已。

舉個例來說，我們傳統上對「忠」的解釋有廣義和狹義的兩種說法：廣義的是《論語》中的「盡己之謂忠」，引伸言之就是《孟子》中的所謂「教人以善謂之忠」；狹義的則是書傳中的「事上竭誠也」，引伸言之就是「事君竭誠」。可是在幾千年的君主政體之下，我們所強調的「忠」只是「竭誠事君」而已，對於廣義的「忠」反倒擱置一邊。要是今日仍死抱著這種狹義的觀念，事實上早已無君可事，不是自尋煩惱麼？

再說「孝」。在西方國家中的確沒有「孝」這種特殊的觀念。沒有「孝」的特殊觀念並不等於沒有敬愛父母的行爲，因爲事實上西方文化中所謂的愛，並不只限於夫婦之愛，子女對父母的愛自然也是包括在內的。不過這種愛並不是單方面的，在實行上得先有父母對子女的愛，然後才有子女對父母的愛。我國本來也是講父慈子孝的，而父慈也是在子孝之前，可見也不是單方面的。可是後來受了政治制度的影響，竟變成了「父可以不慈，子不可以不孝」。我們有所謂的「二十四孝」做例子，卻並不見一兩個「父慈」的例子。其實這不過是給君主的私利「君可以不仁，臣不可以不忠」這一觀念幫腔而已。現在雖說君權已倒，父權卻仍然是根深蒂固的存在著。所以什麼賣身葬父，什麼割股療親，仍然為人引作美談。在我國為父母迫作娼妓的事也是屢見不鮮的。社會上也是一味地厚責子女，從不問做父母的是否盡到了做父母的責任。子女對父母的關係是不是應該維持著君主時代的臣對君的關係，或者奴隸對主人的關係，今日做父母的人不可不三思之。

在西方國家中認為父母養育子女是一種責任，是一種義務，做父母的人並不期望於子女的報答，因為子女還有自己的子女去養育。在我國父母養育子女則常常抱著投資的觀念，所謂「養兒防老，積穀防飢」是也。這自然跟社會環境有著密切的關係。因為我國以前沒有退休的制度，也沒有社會保險，兒女既然繼承了父母的財產，如不負起養老送終的責任，難道說要老子去喝西北風麼？可是今日有了勞保，有了退休制度以後，做父母的是不是還應該把養老送終的責任加在兒女的身上呢？這是一個值得研究的社會問題。可憐只可憐在這一代的父母，雖然處身在半工業社會的民主時代，倫理觀念卻仍然是農業社會君主政體的，因此對子女不免抱著過度的奢望，常常引起許多不必要的家庭糾紛（像某報副刊所載一寡母向社會控訴其在美子女不孝的文字），這也就是我國這一代的家庭反不如西方國家的家庭和美，這一代的老人反不如西方國家的老人幸福的原因了。

這可以說是人類為抽象觀念所犧牲的悲劇例證之一。人，如果時時抱著對現實生活的警惕，也許就容易適應新的人事關係，也許可以使生活過得更美滿一些。

原載一九七〇年三月四—五日《大衆日報》副刊

恨的教育

我國也曾大倡愛的教育，但辦教育的人是不是對學生們眞正有一份愛心？

回憶我自己的學生時代，特別是小學及中學這一個階段，簡直是一場惡夢！我進小學是在七七事變之後，自然進的是淪陷在日人手中的學校，校長、教員除了仰日本教官的鼻息，一味督促學生唸日文，喊皇軍萬歲外，對學生是全不關心的。那時候雖然只是個七、八歲的孩子，可是已經懂得了委屈的況味。我進中學則是在勝利的前一年，以後因爲戰事的影響，東遊西蕩，直到中學畢業，前後竟換過七、八個不同的學校。站在一個中學生的立場，對我國各地的中等學校，可也算得見多識廣。好老師我遇到過幾個，好校長跟好訓導主任則一個也沒有遇到。我所見的中學校長，都是高高在上的官僚，除了訓人以外，跟學生是素無往來的。訓導主任則多半是軍人出身（非軍人出身的更可怕），平素不是把我們這些十幾歲的孩子當成反共防諜的對象，就是認定是未來的強盜流氓。那時候中學校裏板子、軍棍、禁閉室是樣樣具備的，不信可以去訪問幾個現在臺灣的過去的中學校長、訓導主任或是軍事教官。我自己雖然沒有挨過什麼非刑，我的同學可眞有挨過的，沒挨的人也不能不見之心驚。

奇怪的是我國早就有師大、師專的設立，可是我所遇到的校長及訓導主任竟沒有一個是學教育出身的。師大、師專的畢業生都到哪兒去了？大概有的轉了業，有的只能當個普通教員，當得上校長跟訓導主任的眞可說鳳毛麟角，絕無僅有。我所遇到的幾個好老師，都是北師大畢業的。可是他們自己在學校中已經處在一種戰戰兢兢朝不保夕的地位，哪裏還敢干預學校的行政，或替學生說幾句好話呢？

我說我的中學生活是一場惡夢，一點也不爲過。因爲就是到了現在，我做起惡夢來，仍然不外是面貌獰惡的校長或訓導主任，手執軍棍，在我身後緊追不捨。

如果我們多少學過一點心理學，就知道在十歲到二十歲之間是一個叛逆的年齡階段；不但在家中或明或暗地反抗父母的意見，在學校中對老師也不例外。爲什麼？因爲這個年紀正是心理醞釀成熟的時期，他們需要從成年人的頤指氣使下解脫出來，需要堅定自己的自信心。這種堅定自己的方式，常常就表現在反抗成年人及成規成習的行爲上。所以在這個時候，做父母跟老師的人應該要特別予以耐心、細心、熱心地撫導。板子、棍子政策，或用治強盜流氓的態度治學生，不是把年輕人一生一世的自信心及創造的活力，在這時候幾棍子打淨，就是把原來好好的一個青年激成眞正的叛徒。

植樹十載，樹人百年，一國眞正的復興大計，還是在家庭跟學校裏。如果我們只望有蔭深幹直的大樹，對長成大樹的幼苗卻任意摧殘，豈不是等於緣木求魚？對未來一代的幸福及我國文化的發展來說，恐怕教育的改革，比文化復興運動來得更爲迫切重要。教育改革，不是改革學生，而是改革製定教育政策跟身負教育責任的人。如果我們一時尚無法做到愛的教育，最少把教育中恨的成份全部或部分減去，也已經是一件值得慶賀的大事了。

原載一九七〇年三月六—七日《大衆日報》副刊

兩代人

人類的進化行程，有急進的時候，有緩進的時候；就是有時候表面看來是靜止的，其實也是在暗暗地，緩緩地往前流動著。眞正的停滯是沒有的，不然人類絕不會在一兩萬年的時間中，從猿人進化到原始人，從原始人又進化到現代人。

人類既是在不斷地進化中，那麼就是近如父子的兩代人之間，其差距也是非常顯然的。只是在緩進的時候差距較小，急進的時代差距較大。這樣的差距，小則可以釀成家庭問題，大則可以釀成社會問題。我國從十九世紀到現在，正處於一種急進的時期，這種兩代人間的差距自然是理所當然地大得驚人。也許有人忽略了這個問題，也許有人不願意談這個問題，可是問題並不依隨人的意願而自行消滅。要是我們願意仔細看一看，這個問題從五四以來，就非常嚴重地存在著。即使把近幾十年我國人所遭的災殃，看做是這個問題在政治上的表現，也並不爲過。

所以這個問題是值得，也應該公開討論的。把問題談開了，即使無法予以解決（這種自然的矛盾當然無法人爲地澈底解決），但至少對父子兩代人都會有點好處。

父子兩代人的差距，除了體形上的不容易覺察外，最顯而易見的就是思想觀念上的距離。這種距離有時候會大到彼此不能容忍的程度。這樣坦白地指出來，也許會使做父親的人一時心裏不太舒服。但一時的不舒服，總比唯唯諾諾地隱瞞一生要好些。差距既然是存在在那裏，上一代的人是不是應該用「父歿，三年不改父之道」的古訓把下一代強行拉住？要是地球上只有一個中國，問題可能不太嚴重。但現在不幸有許多所謂先進的國家正一日千里地往前飛馳，那裏還容我們一代一代地牽扯著慢吞吞地踱方步呢？

從五四以來到現在，中國做父親的人，對著自己成年的兒女，總免不了搖頭嘆息：「唉！唉！這孩子變了！」一面悽然地嚥著苦水，有的說不定竟老淚縱橫起來。甚至於以前爲自己的父親這麼悲嘆過的，現在反過來又來悲嘆自己的子女了。其實這樣的悲嘆雖說有時是必然，但卻並非必要。孩子變了，是好現象，而非壞現象。如果上一代的人對下一代的人有些地方看不過眼去，最好是在悲嘆以前，先研究研究孩子所以變的原因。要是眞正研究透徹了，說不定自己會跟著下一代採取一致的態度，那麼兩代人中間的距離就會無形中縮短起來。一個人的一生，不能永遠固執在一點上，隨時而化才是自然的道理。要想隨時而化，常保青春，最好的方法就是多跟年輕人在一起，多聽聽自己的學生、自己的子女的意見。這就是這一代的年輕人跟九十多歲的羅素，跟六十多歲的沙特並不覺在思想觀念上有多大距離的原因了。

我說這一番話，一面是說給一般做父親的人聽的，一面也是說給我自己聽的。我眼看著自己的孩子一天一天地長大起來，他們也居然有了他們的小意見，常常給我一連串的「不」字，我才深深覺察到他們這種表面上的反抗，其實是爲了肯定自己，爲了開創自己的世界。我們上一代的人沒有權力把他們範圍在我們自己的世界裏。因爲，說到了，未來的世界畢竟是屬於他們的！

原載一九七〇年三月八—九日《大衆日報》副刊

前瞻的文化與後顧的文化

我國的文化從孔孟的托古改制起，已經確定了後顧的命運。後代的人，明明知道先秦的哲人愛用寓言，也明明知道孔、孟、荀等人的推崇堯、舜、禹、湯、文王、周公，目的乃在托古而改制，可是總免不了把這些老夫子們的寓言當成了真話實說，試想在三四千年以前，我國要是真正已是文物鼎盛之邦，要是真正有了愛民如己，把天下拱手讓人的聖賢，那麼後世那些爭權奪利彼此砍殺的，豈不都成了些不肖的子孫？豈不眞是一代不如一代？豈不是當別人的文化朝前發展時，我們的文化卻越來越退化？

不是的！我們的文化也是朝前發展的。近幾十年來由於考古學的發展，我們也發現了北京人，我們也知道了黑陶文化、彩陶文化，我們也看見了殷商的甲骨。這才是我們眞正的歷史。如說堯、舜、禹、湯眞有其人的話（我們迄今尚未發現有關夏文化的資料），那也絕不是孔、孟所描寫的聖人典型，恐怕倒是比起你我來還要野蠻十倍的野蠻人。說這樣的話，可能被衞道的君子看作是欺聖滅祖的不肖之徒。然而我們的遠祖本是猿猴，比起猿猴來，野蠻人畢竟還是好聽得多了。

我們今日也大倡科學，也不反對眞知，奇怪的是我們考古研究的成果，到現在還沒有落實到歷史，常識的課本中來。我們灌輸給孩子們的還是堯、舜、禹、湯是亙古少有的聖人，我們是一個一代不如一代的退化的民族。爲什麼我們總愛這麼扭著脖子走路？後顧的文化使然也。

幸而希臘的先哲把他們的「烏托邦」放在未來。要是他們也一不小心把歐西的野蠻人描繪成聖賢，說不定歐美的文化會遭到我們同樣的命運。所以蘇格拉底，雖然偉大，他們也早就請他住進博物院裏去了。大家倒是願意多聽聽羅素，或是馬爾卡斯（Marcuse）的意見。

我們則不然，我們總覺得王陽明不及董仲舒，董仲舒自然又遠不及孟軻，孟軻呢，又豈能與至聖相比？至聖雖然已經到了極點，但在文王、周公之前，仍不免黯然失色。文王、周公之無法與堯、舜抗衡，自是無庸多言的了。

今日的世界好比是競賽場，不同的文化一代一代地傳下去（也許我不應該說傳下去，因爲文化根本不是傳下去，而是發展下去），就好比是一場接力賽。當別人朝前猛衝的時候，我們卻一棒一棒地停下來留戀回顧，將來的勝負還用說嗎？

原載一九七〇年三月十八日《大衆日報》副刊

法治與偏見

一個法治的國家，首先自然得須有一部合情合理的法典。但具文不足以自行，所以又得須有一批不但通曉法律條文，更重要的是通達社會人情及常理的解釋法律的人及執法的人。這一批人且須是出身於以開放型的教育為基礎的社會中，才不致於有歪曲或死抱住教條不知制宜從變的弊病。

所以一個法治的國家，最重要的還不是法典，也不是執法與解釋法律的人，而是那種開放型的教育基礎。有了開放型的教育，自然會產生通達社會人情及常理的人；有了這種人，製定一部合情合理的法典，也不是什麼難事。反之，即使我們有一部好得了不得的法典，但我們沒有開放型的教育，產生不出通達社會人情及常理的人來，法典雖好，也只有徒喚奈何！

什麼是開放型的教育？一句話，就是沒有偏見的教育。教育的目的是開擴孩子們及年輕人的知識，及培養他們獨立思考的能力。求知識，得先抱著懷疑的態度，然後一點點在生活經驗及科學實驗中求得證實。培養獨立思考的能力，得負責教育的人不把任何既成的思想體系強加給學習的人。要是我們強要學生跟我們一模一樣地思想，強要學生跟我們一模一樣地觀察事物，這就是偏見！

舉一個例來說，人們都說美國是一個法治的國家，可是美國的白人對黑人都有偏見，所以法律條文一應用到黑人身上就不靈了。美國的白人所以有這種偏見，就是因爲美國的開放型的教育做得非常不够。不但在教育方法上有問題，在形式上早就高掛著偏見的招牌。我們都知道，美國南部幾州，到現在還是施行種族隔離，黑白分校的。世界上的國家，雖然或多或少地都有些種族的成見，但彰明皎著地推行種族歧視的，恐怕只有南非跟美國兩個國家而已。美國雖然像其他國家一樣，愚民佔了大多數，但幸而還有幾個有識之士，像已逝世的大法官陶格拉斯，像被謀殺的金牧師，像哈佛出身的一批學人。他們無不聲嘶力竭地大聲疾呼，甚至於冒著生命的危險，企圖喚醒那大部分愚民的癡夢，企圖把美國建設成一個眞正自由開放、法治、民主的國家。美國之所以能夠產生出這樣的人來，主要的是由於在他們開放不夠的教育基礎上，還是存在著相當開放的條件；不然登陸月球的壯舉是萬萬做不到的，他們反戰遊行的隊伍也只有到國外去流浪了。

我們追求一個法治的社會，我們追求科學的昌明與進步，可是我們不從祛除偏見的教育上著手，到頭來我們只能翻譯別人的法典，接受別人的科學成果，我們自己的社會仍然免不了終是亂糟糟的。

原載一九七〇年×月×日《大衆日報》副刊

我們離天堂還太遠

打開報紙看：比亞發一戰，戰死餓死兩百餘萬，以色列炸死三十多埃及兒童，美國高等法院審判屠殺百餘老弱越民的美軍曹，柬埔寨集體仇殺越僑，巴西販賣農奴並有計畫地屠殺印地安人……世界上，特別是亞洲、非洲，拉丁美洲，無日不在殺戮之中。爲什麼？當然都有一個理由，而且有一個自以爲是的理由。主張亞洲戰爭的人，卻不一定贊成非洲的戰爭及巴西的屠殺印地安人；以屠殺印地安人爲是的巴西人，又不一定怎麼同情亞洲的戰爭；剿除伊包斯族的奈及利亞政府軍，可能也視屠殺無辜的印地安人爲大不人道。可見有時候自以爲是的理，卻不一定有什麼客觀的依據。既欲殺戮，藉口還不容易找嗎？幾千年的文明，並不曾把人類改的了多少，我們離天堂還是太遠了。

然而，要是我們已經造成了一個人間天堂，世間不再有殺戮，不再有貧苦及不平，大家甚至於不需要工作就可以吃得飽、穿得暖，白天在海濱，晚上在夜總會裏逍遙。這樣是不是就是我們的理想的世界呢？

看吧！北歐、特別是瑞典是最接近我們這種理想世界的國家，然而瑞典的自殺率及神經病患者爲世界各國之冠，這眞也成了一件令人難以理解的事。在這裏我不妨抄錄一個社會學家的意見，也許多少可以解答一部份這個問題。他說：「舊牆能有再築的機會就要以前所築的不是鐵板鑄腳，故牆愈壞，愈有新修的希望。若社會上沒有了罪行，就同牆沒有毀壞沒有新修的希望一樣，那社會也就沒有進化了。」看樣子，天堂只是個不再有進化可能的社會而已。我們雖然離天堂還太遠，但是不要失望，我們的社會是一天天進化的。

原載一九七〇年四月三日《大衆日報》副刊

合理的社會

一個合理的社會，首在經濟利益均等這一點。固然爲了鼓勵個人才智的發展，我們並不主張統一薪酬，但在上智下愚之間，其待遇總要有一個限制。在今天的社會，我們不能再容忍「朱門酒肉臭，路有凍死骨」的現象。爲了人道，是一個原因，但更大的原因則是貧富懸殊，常是一個社會衰退，落伍與動亂的根本。

今日國內各大城市酒樓舞榭之畸形發展，可能就是經濟不平衡的社會病態的預兆。雖然我們早就有節制資本跟平均地權兩大原則來扼制貧富懸殊的現象。但實行的細則卻應因時而制宜。我們覺得在今日來平衡社會經濟利益，可行而又可以速見成效的方法有二：一是以累進法徵收所得稅，二是建立普及的社會保險制度。這兩種方法都是已經在其他國家，施行有效的。

以累進法徵收所得稅，自然得先建立一個最低薪酬標準，然後按照這個標準累進徵收。如果最低薪酬標準一旦建立，就得由立法院立成法律，或禁止雇主支付此標準以下之薪酬，或對低於此標準薪酬之工作人員由稅收機關予以額外津貼。至於普及之保險制度，也須立成法律，成爲一種各級工作人員，甚至全民的強迫保險制度。其所享受之保險權利須人人均等；保險費則視其收入梯次累增。譬如月入千元的保險費爲百分之十，月入萬元的則應在百分之五十以上。或者亦可採取由勞資雙方負責的方式。

至於標準之如何建立，那得視一個社會的實際經濟情形而定。所以一個全國性的社會調查統計局是不可缺少的。這個社會調查局應該採取種種方法查明實際的各行各業的收入實況，以爲制訂平衡社會經濟利益的基本根據。

薪酬標準制定爲法律以後，由於社會經濟的變動不居，此法律應該五年或十年即須重新審核修訂一次。社會調查統計局就可以成爲一個政府的有效的觸角。其對一個社會所產生的穩定作用，恐怕不在情報局之下。

原載一九七〇年五月三日《大衆日報》副刊

什麼叫「麻木」？

「痲木」，我們普通稱之謂「癱瘓」。這種病可以發生在身體上的任何一部門。發生在四肢，是顯而易見的，我們知道這個人癱瘓了。發生在內部，譬如腦神經上，我們看不見，我們還以爲這是個正常的人。四肢癱瘓，腦部正常，仍可以對社會有所貢獻；腦部痲木，四肢正常，則不免是行屍走肉，一架造屎的機器而已。

四肢癱瘓，固然是一種突發的病症，但如一個人在床上睡上幾十天，全不用四肢活動，也可以達到四肢痲木，甚至於退化的目的。腦部也是一樣，本是思想的器官，今棄而不用，久而久之，自然就變成一堆痲木的物質。

我們睜開眼看看，在我們的社會中，還有多少人是肯用腦筋思想的。別人說：「今天天氣好！」我們說：「今天天氣不錯！」不用用腦筋！教官說：「大家一律穿黃色的制服！」我們就絕對不瞧別的顏色，多省事，不用用腦筋！爸爸說：「好好唸書，將來好去美國！」我們就把課本背得滾瓜爛熟，把一部英文字典生生地吞下去；只要消化器官好，也用不著費腦筋。警察在街上看見長頭髮的青年，抓過來幾剪刀剪光，全不管憲法上是否還有個人自由這一條，自然不用費腦筋！教育部對公教人員任意停職，定出章程，千方百計地把優秀的青年送往外國，把愚劣地留下來為國服務，大概沒有用過腦筋。交通部不管車禍問題多麼嚴重，如不接上級的命令絕不過問，腦筋自然也是擺在倉庫裏的。

為什麼我們的腦筋都漸漸痲木了？因為我們的社會鼓勵我們不用腦筋，甚至於禁止我們用腦筋。我們的社會喜歡的是命令，獎勵的是服從。兒子服從父親，學生服從先生（或者乾脆說服從教官或訓導主任），下級服從上級。父親把黑的說成白的，兒子得趕緊點頭稱是，不然就是逆天。學生對先生，下級對上級也是一樣。大家都唱「滿江紅」，要是有人敢說「滿江綠」，那會發生思想問題。思想問題是嚴重的，所以還是不用思想比較保險。今天不用，明天不用，難怪我們的腦筋都有點痲木了。

原載一九七〇年五月四日《大衆日報》副刊

群婚制

在動物界有群婚的，也有對偶婚的。在人類的進化史上也有群婚及對偶婚兩種制度的存在。西方學者有人主張中國在詩經時代是實行群婚制的，但也很難提出十分令人確信的證據。如果說中國歷史上曾有過群婚制，那一定是相當遙遠的事情。不過在我們這個地球上，今日尚有實行群婚制的部落。在美洲的一部分印地安人部落就是實在的例子。近幾年美國的嬉皮（hippy 據說原爲印地安語，即爲一部落名），也就是模仿印地安人群婚制的組織。

群婚制及對偶婚制只是一個社會制度的不同，亦牽涉不到道德問題。至於孰優孰劣，今日尚難定論。只是對偶婚制，在今日的社會，特別是在資本主義社會中已經面臨著非常嚴重的危機。實際的情形是在有些國家中的離婚率竟高達已婚男女的百分之三十以上。那百分之六十以上不曾離婚的，也不一定就是美滿的配偶。通常一個人，不論男女，一生結兩次、三次、甚至是四五次以上的婚的也是屢見不鮮的事。

究其原因：第一、對配偶的選擇，眞正自由明智結合的爲數甚少，倒是盲目湊合的佔了大多數。我們不但對盲目湊合的難期其一定生活美滿，就是明智結合的也不一定就是幸福的保障。第二、人的個性是隨時間環境變化的，兩個人的個性在悠長的歲月中難保不向不同的方向發展，形成同床異夢的怨侶。第三、在合法的配偶之間，性刺激的衰退，在我國造成納妾嫖妓的行爲，在西方國家則造成通姦的行爲。這些原因。是些不能避免的原因，處處都在威脅著一對配偶的持久性。一旦離異，當事人的痛苦先放在一邊，首遭其害的就是雙方的子女。幼年不幸的陰影，常會覆蔽了一個人終生的快樂。

我們再來看一夫一妻的小家庭到底是香巢還是苦穴，這自然有些主觀的因素在內，但也有許多客觀的條件。第一、一個人在結婚以前常常有一批要好知己的朋友，但在結婚以後，爲形勢所迫，不得不漸漸疏遠；特別是異性的朋友更沒有繼續保持的可能。第二、兩人孤立的生活，常常造成對外界的隔離，並加重一個人的自私與保守的心理。第三、夫妻兩個人把很多時間化用在柴米油鹽的家事上，即使主觀地不覺其苦，客觀地也會無形中減少了人生的樂趣。因此對偶制的小家庭能否保障人類健全的心智、道德之發展，已引起人們的懷疑。

所以最近兩年以來，有許多先進的青年又重新掀起群婚制的浪潮。除了美國的嬉皮之外，最引人注目的是風行在丹麥的大家庭集體組織。這些組織多半都是由年輕的知識份子組成。有的是已婚的，有的是未婚的，但一進入大家庭就得放棄對偶制的觀念，而過眞正的團體性生活。這些組織目前所表現的優點是：一、經濟生活較各別的小家庭爲富足。因爲在一個收入一千元的兩人小家庭中所能享受到的物質生活，絕不能跟一個收入五千元的十人大家庭相比擬。特別是像游泳池、圖書館、電影放映室等設備，非小家庭所可負擔。二、由於家事的輪班制，減輕了個人對家事的負擔，增加了從事文化工作及娛樂的時間。三、沒有離婚的問題及性的煩惱，孩子們的生活幸福由大家庭集體保障。缺點則是人的嫉妬心及佔有慾已根深蒂固，常會在不自覺中流露出來，甚至於連頭腦最開明的知識份子也在所難免。所以爭風吃醋的事，仍不免發生。不過他們都有一個信念，承認人是自由自主的，不論男女，誰也不能視對方爲自己的私有財產，他們認爲嫉妬，過去是不治的癌症，現在只是風濕，將來有一天也許僅像傷風感冒而已。

我們佩服這些年輕人在人類進化過程中的大膽建樹，因爲這正是我們成年人無法做到的。當然群婚制不一定馬上會替代了施行數千年之久的對偶制，但對我們的子女而言，至少多了一種選擇的機會。

原載一九七〇年五月十九日《大衆日報》副刊

利與義

從孟子的義利之辨，把二者對立起來，後人沒人敢對孟夫子的理論說一個不字的。表面上雖不敢否認，肚子裏卻也並不承認，因此不免滿嘴的「義」，滿肚皮的「利」；鼓勵別人去取「義」，正好自己去謀「利」。結果人人都成了口是心非的僞君子，假道學。

其實利跟義是不是對立的呢？不！正當的利，正是義之所自出。所謂「熙熙攘攘，爲利而往」，非但不應該視之爲諷譏，且應看做是一種社會發展的眞實寫照。如不爲利，何來之熙熙攘攘？熙熙攘攘不正是社會昌盛的現象嗎？安貧樂道，在某種環境下固然可視之爲一種美德，但卻絕不是值得人人學習的榜樣。如果全國的人都成了一簞食一瓢飲的顏淵，先不用說別的，大家勢必都患上了營養不良症，不到三十就得跟顏淵似地嗚乎哀哉！所以安貧樂道的眞正意義，只是在無可奈何的境況中所爲之達人之自嘲這一點而已。顏淵終免不了帶著些自鳴清高的厭世色彩。要是他也像子貢似地去貨殖一番，恐怕對社會、對個人都更有些好處。

我說正當的利正是義之所自出，因爲如沒有利，根本也就無所謂義。利人的行爲，不正是我們俗所謂的義舉嗎？文天祥、史可法捨生所取之義，歸根仍是一個利字，不過此利乃公利、國利而已。公利、國利之所以重要者，乃在公利、國利建立在私利的基礎上。試想如所謂之國利，國人皆不能沾有之，何利之有邪？又何國之有邪？如此之國利非獨不能謂之義，且爲不義之尤。

所以謀取正當的利，保障正當的利，實爲最大之義行。不但一人謀取，一人保障，且可進一步組織同業工會共同謀取，共同保障之。這樣社會才會一天天繁榮起來。不過如取利，須建立在合法而機會均等的基礎上；如只准自取而不准人取，則是不義之行！

原載一九七〇年五月二十一日《大衆日報》副刊

公衆道德與嫉恨心理

在眾副的方塊裏一連看到兩篇姚女士有關公眾道德的短文。譬如說在公寓式的住宅裏養鷄畜狗，如不妨碍鄰舍的日常生活，自然可以算作私事；反之，則關係著公眾道德。

公眾道德常常是一種社會心理的反映。有人說，中國社會是一個極具人情味的社會，其實這只是一種樂觀的看法。如果我們眞是一個人情味濃厚的社會，我們的國民又都是極通達人情事理的，那麼我們何必非要流血革命，才會把社會上的不良現象改正過來?事實上我們只要看一看從辛亥革命以來，中國人所遭受的一切，就可以明白我們的社會並不是一個多麼健康和正常的社會。我們也不能儘把我們所遭受的痛苦的責任一股腦兒推給外國人，我們自己其實應該負起一大部分。譬如說從大陸時期到現在，雖說我們吃盡了苦頭，受够了教訓，可是我們國民的那種嫉恨心理迄未更改。什麼是嫉恨心理，就是不給人方便，就是害人而不利已。我不相信在大陸上的聽壁聞香的舉動是完全來自馬克思的理論或列寧的政策；事實上這種行動也並不見於其他共產主義的國家。要是這種現象獨獨出現於我國，我們便不能委之於外來的影響，而全不深究我們自己的社會心理。在公寓中養鷄畜犬，本是一件小事，但推其究竟也不能說不是一種嫉恨心理的表現。我們試爲之分析：養鷄可能是出於經濟利益，畜犬則實與經濟利益無涉。因爲，第一、吃狗肉在今日是不多麼流行的，第二、公寓式的住宅也沒看家護院的需要。要是夜裏把狗關在寓外，更跟看家護院無干。夜裏犬吠，也不能說自己的睡眠全不受影響。在這種情形下爲什麼一定要畜犬？那只能說是爲了跟鄰居過不去。折磨了鄰居，大概也可以抵消一部份自己失眠的痛苦。

我們這麼分析，也許有人覺得過火；但除此之外又何以明此等在公寓中畜犬者的心理？事實上，在別的地方，在我們的社會中，這種不給人方便及損人不利己的行爲是屢見不鮮的。

我不相信這種心理乃來自我們的民族性，因爲抽象的民族性是不存在的。所謂民族性也者，只不過是在時地因素下的一種經濟、社會、政治、文化的綜合反映而已。追究起這種心理的來源，可能寫出幾部社會學的大書；這也是今日很值得研究的一個問題。

公眾道德，不能只仰仗於個人的自發自動。要知道人是環境的動物的成分大於人是自發的動物的成分。回顧我國漢唐盛世，我國一直施行的是外儒內法的政策；也就是說掛孔子的頭而賣韓非的肉。西方國家，雖然掛天主耶穌的招牌，所行的也是法治。那些被人打了左臉，連右臉也送過去的，畢竟是絕無僅有；倒是以牙還牙，以眼還眼的為數居多。所以西方人也明白，如不講法治，只讓主的愛來泛濫，那天下非要大亂不可。所以說，有些國家，對亂倒垃圾是要罰款的，對隨地吐痰是要罰款的，對放狗上街的是要罰款的。有些住宅區都定有公約，譬如說不能在家中開舞會、花園中不准種菜，違者不是罰款就是迫遷。如果我們今日尚無公眾道德法的細目，或有其細目而尚未執行，不妨先從居民公約著手。一街一巷的居民不妨組織起來，雖不一定要天天開會，但每年開個一兩次會，來製定與一己切身利益有關的公約，並不是一件多餘的事情。

原載一九七〇年五月二十五日《大衆日報》副刊

「向上自由」與「向下自由」

某報有一位短評的作者，在慨歎於今日世風日下，嬉皮橫流之餘，大聲疾呼我們只容許有「向上的自由」，不容許有「向下的自由」。但可惜作者並不曾說明什麼才叫「向上的自由」，什麼才叫「向下的自由」。據文意推測，美國的所謂的「嬉皮」，爲作者列入「向下的自由」之一類，是沒有問題的。

不過我們應該知道，所有的社會現象，都有其因果的關係。種瓜而得豆者，世無所見。美國之所以產生了「嬉皮」，一定有其產生「嬉皮」的原因在。且嬉皮青年，是山姆公司的敗家子，或是重振家聲的傳人，尚難驟下定論。舉例言之，嬉皮青年的流落街頭，不修邊幅，甚至於吸毒，自然表現了極大的頹廢色彩，但他們的反對流血，反對種族歧視，是不是也可以視爲「向下的自由」之一類呢？

先不要過早的爲我們的社會沒有產生「嬉皮」而洋洋得意。我們之沒有「嬉皮」，只是因爲我們的社會沒有產生「嬉皮」的「因」。我們沒有「嬉皮」，也不能說我們沒有別的東西。想想看，在我們年輕的一代中有什麼？我們多的是人云亦云，思想痲痺的木頭人。這些年輕人，可能是衣冠楚楚的，唯唯諾諾守禮中矩的，但未來的前途，充其量只不過跟在別人的屁股後頭，亦步亦趨而已。如要我在這兩種趨向中選擇，我寧願要我的子女做「嬉皮」，但絕不要做「木頭人」。「嬉皮」雖被人誣爲「向下的自由」之一類，但總還佔了「自由」二字；有自由，就有希望，「木頭人」則根本無自由及希望之可言。

自由就是自由，沒有什麼向上、向下之分。如藉口向上、向下來摧殘自由，那跟法西斯的作風還有什麼不同？

原載一九七〇年五月二十八日《大衆日報》副刊

歷史包袱

林語堂先生曾數次撰文大聲疾呼我國文字有簡化的必要，可是國人的反應極為冷淡，且有的人引歷史典籍浩瀚為理由而大唱反調。我國文字學習之難及書寫之費時為世所共認。文字的最重要的任務乃在溝通人與人之間的情意，不過是一種工具而已。對於工具，首要求其便利。如工具過於繁重，自應設法改革。所以簡化文字，不過是改良工具，自無不可。且我國文字之簡化只能算是第一步，將來恐難避免走上拉丁化的路子。

分析國人對文字之簡化之所以反應冷淡，或大唱反調，不外由於兩種心理作崇：一是自私，二是出於崇古薄今的傳統保守心理。所謂自私，是因爲自己既已花了偌大精力學來的東西，便不甘心情願看見自己的後人居然可以輕而易舉的獲得。同時再加上懶惰，深怕一旦文字有所變化，自己還要再費腦筋，所以非反對不可。所謂崇古薄今的保守心理，都是扭著脖子走路成了習慣，一旦要向前看的時候，就不免眼花撩亂，形神俱失，所以搬出歷史文化的大招牌，勢在反對。

歷史文化雖說可貴，但跟一個民族的前途比起來，總還差著一點份量。法國作家亨利・米壽（Henri Michaurx）曾說：「一個民族應爲背著一部歷史而感覺羞恥……他應該在未來中去找他的歷史。」（米氏曾遊過中國及印度，不知此語是否即針對這兩個國家所發。）所以崇拜歷史，但不能爲歷史所限。如果歷史成了一個累人的包袱，便應毫不吝惜地抛棄它；否則整日價只有在歷史的重負下呻吟殘喘，這個民族還有什麼前途可言呢？

原載一九七〇年六月十七日《大衆日報》副刊

中國人也要研究漢學嗎？

去年在臺灣舉行了一次世界性的漢學會議，於是有人叫道：「漢學回家啦！」人們與高采烈地討論到如何普及「漢學」的研究以及如何把「漢學」光揚到世界上的這一類問題。然而人們似乎忘懷了兩件頂重要的事。第一件事是：「漢學」何以稱爲「漢學」？而「漢學」實在的內容又是什麼？中國過去的一切，包括古代的典章制度、社會的風俗習慣、人民所運用的語言及所創造的文學藝術、人民的居室、所穿著服裝及日用工具等等，是不是都在「漢學」的研究範圍之內？如果是，那麼應該到什麼時間爲止呢？如果時間的下限模糊不清，豈不是把中國上下古今都涵蓋在像「敦煌學」一類的古蹟性的追索的學識中去了？

「漢學」這一名稱及其所涵蓋的內容，明顯地表示出此一概念乃來自西方人由外面來看中國的一種外視的態度。換一句話說，也就是異視中國，把中國特立起來的一種觀念。如果把中國的一切看成一種普遍的現象，便不應該有「漢學」這一字眼，正如沒有「英學」、「法學」、「德學」、「美學」一般。

第二件事是「漢學」是否仍然停留在一種資料學的階段？而中國人是否尚沒有能力把中國的傳統發展成一種具有普及性的分門別類的學問？這個問題在五四時代的學者早已感覺到了。我現在抄一段民國十九年出版的葉紹鈞的長篇小說「倪煥之」中的一段話給大家看看：

西洋的學術，與其說是西洋的，不如說是世界的來得妥當；因爲它那種邏輯的組織、協同的鑽研，是只應用科目來區分而不應用洲別國別來區分的。天文學該說是哪一洲、哪一國的呢？人類學又該說是哪一洲、哪一國的呢？唯有如上所述，「中國學」或「漢學」來自西方人從外面異視中國的觀念。這個名稱被留學西方的留學生帶了回來，卻爲中國人未加思考地接納了。這個名稱雖並不帶有輕視的意味，但異視的口吻十分明顯。究其原因，初看乃由於文字上的障礙。因爲西方人研究中國的問題，必先瞭解中國的文字，故有把有關中國的一切特立起來的必要。但進一步看，卻也並非完全是文字的問題。譬如說英國人要想研究法國的問題，也須破上幾年的時間來學習法語，卻並未把法國文化另立一個名目來研究；因爲文字障礙一破，就可通行無阻。對中國則不然，除了文字以外，還有文字背後的一種整體的陌生的文化在。故名之曰「漢學」，予以特別對待，實不得已也。

中國人自己有沒有這種不得已的情況呢？如果沒有，爲什麼不直接研究自己的天文學、人類學、社會學、經濟學、文學等等？有沒有必要把也可以具有普遍性的學問自限於一種地限的區分中呢？同時要想把自己的傳統發揚於世界，首先必須使其施用於本土，獲得實際的利益後證明其暢行無礙，確實具有普遍性，才有發揚的必要與可能。舉個簡單的例子來說：如果想向世界上推銷「仁政」這一學說，不管把「仁政」說得多麼天花亂墜都沒有用，最好的辦法莫若自己實行起來，建立起一種「仁政」的具體榜樣，就像西方的「法制」一般的情形，那時候不用發揚也就自然發揚了。

西方人之看重與研究「漢學」，一方面表示出西方人之兼容並蓄的精神，另一方面也表示中國的傳統中確有值得研究之處。不過，西方人也可以把中國的文化當做一種古董來研究；中國人自己則不可如此。與其爲西方的漢學家準備資料，倒不如多研究「美學」、「英學」或「法學」、「日學」，爲未來的「漢學」建立起一種可以普及的榜樣，而不要永遠成爲一種地限的典型。

原載一九八一年五月《時報雜誌》第七十五期

考據精神

當五四運動之際，胡適、陳獨秀等人大倡德先生與賽先生的時候，是認定中國的傳統文化中不獨缺乏民主，也沒有科學。現在李約瑟的《中國科技史》一出，我們又覺得中國原是有科技的，可能缺乏的只是科學精神。有人認爲是唯心的儒家哲學阻礙了科學的發展。可是一定也有人不同意這種看法。翻看西方的思想史，就知十九世紀以前的西方也並不是唯物思想的世界，何以西方有近代的科學而中國沒有？這個問題不是三言兩語可以說清楚的。而且至今，正如何以中國沒有出現西方式的資本主義一樣，尚沒有足以服人的學說出現。

其實細說起來，儒家思想中也並非絕無科學精神。前人早已指出，格物致知就是科學精神。宋朝的時候，朱子提倡格物窮理。到了明朝王陽明已經嘗試用朱夫子的理論來格竹子了。只可惜王老夫子沒有建立起一個竹物實驗室來。我們也不太清楚他是用的什麼方法去格的竹子。可是到乾嘉學派的考據（差不多相當於西方科學起飛的時代），不但只是精神，連方法也是相當科學的。不同的只是研究的對象不是物理、化學、生物，而是古代的經典與文史。何以中國人對自然界沒有多大興趣，獨獨鍾情於人文？這個問題也是一言難盡的，此地我只是想指出這種偏向於人文的傾向，迄今並沒有多麼顯著的變化。也許有人要說現在學理科的人不是越來越多了嗎？多是多了，可是我總覺得並不是一種基本興趣的轉化，而多半是受了其他外力的誘導。

細想幾個對中國近代思想啟蒙的人物，都是學文史的。連本來是學醫學的人，也放棄了醫學來搞文學。胡適從美國帶回來的科學方法，也是用在文史的研究上。

比起乾嘉學派的考據之學來，並沒有什麼原則與方法上的多大差別。眞叫我們覺得何苦大老遠地跑到美國去學，在家裏多看看清儒的著作也就够了。問題還不止此，胡適的科學方法雖然沒有爲學科學的人所運用，但卻對文學的研究作出了很大的「貢獻」。那就是使文學的研究科學化了。換一句話說，也就是把文學的研究帶上了考據的路子，倒的確是發揚光大了乾嘉學派的考據精神了。

就拿一部《紅樓夢》來說吧！本來是一部文學作品，可是一到了學人的手裏，就成了考據之學了。本來考據出紅樓夢的作者曹雪芹也就罷了，可是學者們並不以此爲滿足，定要把其中的細事末節，諸如丫頭的來歷、買貨的清單，也要追一個水落石出才肯罷休。現在爲「紅學」所潑灑的筆墨，恐怕早已超出原著的幾十、幾百倍了。眞可謂在《紅樓夢》上大大發揚了科學的精神。但細想起來，這許多可貴的筆墨，除了供好事者茶餘飯後的談資以外，不獨對國家的經濟建設沒有什麼直接的貢獻，就是對讀者於《紅樓夢》的鑑賞又推進了多少呢？《紅樓夢》一書之受羣眾的激賞，並不是有了「紅學」研究以後的事。反倒可以說《紅樓夢》的研究是受了群眾對這部小說激賞的影響。我們不免要問：紅學專家們告訴了我們些什麼有關《紅樓夢》的文學價值呢?爲什麼《紅樓夢》是一部值得讀的小說呢?難道就是因爲它是曹雪芹作的嗎?是不是考出了後四十回爲高鶚所續，這後四十回就失去了它的文學價值，而我們今後只讀前八十回就够了呢?這許多讀者切身的問題，紅學專家們反倒並沒有解答。而最大的諷刺是，《紅樓夢》的讀者並不需要紅學專家們的索隱來鑑賞《紅樓夢》。「紅學」的研究簡直成了《紅樓夢》一書以外的另一種學問了。以紅學專家們條分理析的科學頭腦，和消耗在這上面的時光而論，如要用在科學的研究上，中國國內恐怕也已經早有好幾個楊振寧與李政道了。

我們不免要懷疑，如果楊振寧與李政道沒有出國，而留在國內的話，是不是也要變成紅學專家了呢?此話也並非全無根據。不見研究經濟與中國農業的專家趙岡教授，一旦用中文寫起文章來就是「不務正業」(用趙氏自己的話)的紅學了?趙岡教授何不也用中文談談中國的農業問題？是不是怕寫了沒有人看呢？

（編按：趙岡先生近作《中國棉業史》已經出版）

由此看來，中國之科學不發達，也並非完全由於缺乏科學精神與方法，而多少是興趣對象的問題。我還記得我小學時代的一個同學本來對自然現象具有濃厚的興趣。為了試驗毛皮生電，剪壞了他母親的毛毯，吃了一頓排頭。又為了試驗瓦特的蒸汽力量燒焦了一張八仙桌，又捱了幾個嘴巴。後來這位同學居然成了雜文作家。大概他缺乏了愛迪生那種百折不撓的毅力。不過家庭與社會都不多麼鼓勵科學的試驗倒是事實。普通人家，有私人藏書的倒也不少，但是有私人試驗室的可說絕無僅有。如果偶然有人把錢化在科學試驗上，大家都笑他是個大傻瓜。因賭博而弄得傾家蕩產，反倒見怪不怪。

我總以為中國的考據精神是值得珍貴的。問題是不要把這種精神局限在文史的研究上；特別是文學，並不多麼需要考據的精神。考據太多了，反足以抹殺了文學的主體。倒是自然界的現象，是需要多考據考據的。

原載一九七八年×月×日《時報周刊》

社會均富又一論

最近閱報知道省府很重視社會均富的問題。這實在是一種可喜的現象，最少表示從政的人已懂得從大處著眼了。其實現在沒有一個國家不重視均富的問題，拋開道德問題不談，大家終於都明白了「朱門酒肉臭，路有凍死骨」乃社會造亂的主要根源。不過大家的著眼點均集中在社會不同階級間的均富，而忽略了另一種不均的現象，那就是年齡間的均富。

這個問題驟聽起來好像是奇談怪論，其實等我說明白了就可以看出是一個相當嚴重的問題。年齡間財富之不均衡是一個一般的現象。不過在以「敬幼」、「養幼」爲尚的西方社會問題並不嚴重，但在以「敬老」、「養老」爲尚的中國社會問題就不簡單了。

先說財富在年齡上所表現的集中的趨勢及支配權。在任何國家社會財富多集中在四十歲以上的人的手裏，因爲社會上較重要的能獲利的職位多半是四十歲以上的人佔據著。那麼絕大部分社會財富的支配權便握在這些人的手裏。社會的財富如何支配，受約於兩個條件：一個是社會制度，一個是社會的風俗習慣。

譬如說，累進制所得稅及社會福利保險或失業保險都是一種社會制度，都是對低收入及在職業競爭中失敗的人的一種保障。誰是低收入及職業競爭中失敗的人呢？除了社會階級及教育程度以外，年齡也是個重要的因素。在這些人中，四十歲以下的人佔了絕大多數。所以累進制所得稅，社會福利，失業保險都同時是對年輕人的一種保障。沒有這種制度，或這種制度不完善的社會，吃虧的是年輕人，不是老年人。立法權掌握在老年人手裏的社會，便難以企望創立對年輕人有利的法律制度，因爲富人旣不會爲窮人說話，老年人也絕不會爲年輕人著想。

再說社會的風俗習慣也是決定財富支配的因素之一。譬如說西方社會中的風氣很重視養育幼小。忽略了老年的父母沒有人過問，如忽略了養育幼小，不但法律要興問罪之師，就是左鄰右舍也嘖有煩言。所以在一家財政開支上，花在兒童及年輕人身上的錢常常佔了一個很大的比例。中國社會中的家庭開支，有沒有人做過調查不得而知，但據一般的觀察，花在兒童及年輕人身上的錢比例很小，有許多爲人父母的請客送禮講排場非常大方，甚至覺得這些應酬是非做不可的，然而對兒女卻非常吝嗇，教訓起兒女來是：「吃得苦中苦，方爲人上人」。自己則可以花天酒地，上北投，跑酒家，大吃大喝。所以說在中國社會中，不孝的子孫較少，不義的父母較多。

風俗習慣也是社會輿論的主要來源。中國的風俗強調敬老，也就是不拿年輕人當回事。中國的習慣重視養老，也就是說年輕人不必著意來養，俗話說「摔摔打打的孩子長得好」，「年輕人吃石頭也消化得了」。然而老年人則「七十非肉不飽矣」。是不是眞有這回事呢?現代醫學,生理學都可以告訴你,老年人吃肉多了容易引起血管硬化,然而在生長期則需要大量的脂肪及蛋白質,石頭不能輕易亂吃。中國的社會,既然把肉類集中在老年人的嘴裏,結果是多了些發育不良的青年及血管硬化的老頭兒。

這種風俗習慣對政府的財政開支也有決定性的影響。舉一個簡單的例子,教育部有沒有改善學生伙食的經費?獎學金在整個教育部的開支中佔了多大比例?我爲什麼要提教育部?因爲在有些國家這些事並不靠教育部負責,然而在中國都是教育部的職權所在。國內中學、大學伙食之壞,我自己是親身經歷過的。可以說是只能勉強果腹而已。這種現象學生的父母不過問,因爲「人人如此」,因爲「年輕人應該吃苦」;教育部也不過問,因爲只要往歸國學人的嘴上多抹點油,國內的學生就有希望了。據我所知,年輕人的伙食問題在西方國家非常重視。除了做父母的重視不算,社會、政府都負起一部分責任。在美國和加拿大,學校的餐館均由政府貼錢。法國更有學生專用餐館，由政府開辦，不管任何學校的學生（外國學生也在內）憑學生證就可以買飯票進餐。飯票非常便宜，大概只相當於市價的三分之一或四分之一，其餘的當然由政府津貼。我自己在那種飯館進餐時，看到法國學生把飯菜麵包任意丟棄，又想到自己在國內大學的飯廳中所吃的那種夾生的米飯跟幾個星期不換樣的大白菜，心中眞是感慨萬千。法國學生的這種作風，一方面表現了資本主義社會中的浪費現象，同時也表現了年輕人在西方社會的寵遇與放肆，因爲法國的學生餐館至今並沒有因爲如此浪費而關門大吉。在這種對比的情形下，就可以看出來，在中國社會中，年輕人是不能放肆的，不能浪費的，放肆與浪費的人是四十歲以上的人。如果有興趣做一番社會調查，看看出入於酒樓歌榭的哪種人居多，我想四十歲以上的人一定佔了絕大多數。這種中年以上的人借應酬爲名大吃大喝的風氣浪費了社會所可供給的有限熱量，也等於剝奪了大部分發育中的兒童與青年的體能與生命。這種現象不會沒有人看到，不會沒有人感到，然而卻不見有人提起。爲什麼？因為輿論也是操縱在老年人的手裏。而老年人多半是自私的，這一點中外一致。差別是，外國年輕人有一部分權力，又敢於冒上說話，所以外國老頭兒只能偷偷地自私。中國的老頭兒則借著敬老尊賢的美名，可以光明正大地遂行其自私。

每年開學，在北美的大學裏看到又湧進一批十八、九歲的青年，個個身強體壯，嘻笑顏開，心中便生一種痛切之感，在我們的大學裏，身強體壯嘻笑顏開的學生佔了多大比例？如果我們的學生面黃肌瘦，個個都架著一付四百度的眼鏡，是誰的責任？為什麼等過了四十歲才給他進入酒樓歌榭花天酒地的自由？為什麼等到七十歲才讓他非肉不飽？為什麼讓這種營養不良的青年、放肆縱慾的中年和血管硬化的老年惡性循環下去？

所以說社會均富不但關涉到社會的階層，也關涉到社會中的年齡分配，特別是在中國這種敬老尊老養老為尙的社會更顯得重要。

原載一九七七年五月十八日《中國時報》

福利社會的兩個問題

不管是馬克思的預言未能中肯，還是因了馬克思的警告而提高了警惕，西方的資本主義國家是朝著福利社會這一個目標前進了。所謂福利社會，簡單的說也就是實行均富制度的一種社會。所採用的手段不外是保險制度。有的國家是部分保險，有的國家是全民保險。最常見的保險制度是醫藥保險、失業保險、人壽保險、意外事故保險和養老金（或曰退休金）的制度。如果一個社會中這幾種保險制度都辦得很健全，那麼所有公民的基本物質生活就都有了保障了。

表面上看起來福利社會該是一種很理想的制度了，然而事實上問題卻並不如此簡單。目前使人感覺到最有問題的是失業保險和養老金這兩種制度。

在人類有社會組織以來，沒有任何一個社會可以達到百分之百的就業率。在傳統的農業社會中，失業的人口雖然相當龐大，可是很容易爲大家庭的制度所蔭蔽。在工業社會中，或在正步向工業化的社會中，由於工業的集中，都市的興起，大家庭的解體，失業的人口遂成了一個嚴重的社會問題。在理論上來說，失業者的生活，經過失業保險的制度，由未失業的人口來負擔，是千該萬該的。然而有的人卻覺得如果失業的人也照常可以領到薪水，誰又願意去工作？豈不是在鼓勵懶人？其實這並不是一個問題。懶人總是有的。不管在任何制度下，都無法要求每個人有同樣程度的積極性。所以在一個正常的社會中，負擔極小的一部分懶人的生活也並不爲過。

眞正的問題乃在快速度的工業化。工業化的目的是以機器代替人工。譬如說一個手工業的工廠需要一千個工人，機器化以後，一百個工人就够了。那麼就造成了九百個人的失業。在過去西方工業化的過程中，因爲有非工業區的廣大市場，可以用擴大工業規模來吸收因機器化而造成的失業工人。現在工業化的地區越來越大了，無限地擴大工業的規模早已不可能，有限的擴大也不容易。那麼在未來的發展中，可以預料得到的結果就是：機器愈精，所需要的工人愈少，失業的人也就愈多。如果產品愈加豐富，利用失業保險的制度來維持失業者的生活是不成問題的。問題乃在工作並不只是維持生活的一種手段，工作的本身就是一種目的。一個正常人格的發展是需要透過學習與工作來完成的。因此在一個社會中誰應該是工作者？誰應該是失業者呢？現在有些國家實行工會制度。在這些工會中，有的又有極嚴格的規定，如果你無法加入工會，你就別想幹這一行！一般的現象是失業者多半是社會中比較軟弱的一些人。譬如在北美，失業的以有色人種、外來的移民、女人，及社會中遭受歧視的一些團體爲多。這些人雖然受到了失業保險的物質保障，但精神上受到極大挫折，等於被剝奪了人格發展的權利。所以失業保險雖然可以解決生活業化，設立養老金制度，一面又提倡「孝道」，那似乎是很難「兩全其美」的。最大的問題乃在工業社會中福利制度下，人反倒成了非常孤立的個體。不但家庭走向破滅之途，甚至連人際關係中最牢固的「親子之情」也將成爲一種藕斷絲連的歷史陳迹。

社會的發展對人類的思想是一種挑戰。人畢竟是一種自覺自動性的動物。所以在社會的發展中，人需要不斷地思考、不斷地討論，來修正社會發展的方向。北美福利社會的優點及已經引起與未來可能發生的問題，就是後進者最好的他山之石。

原載一九七八年三月十四日《時報周刊》

令人沮喪的豐足社會

西方的社會是一個豐足的社會，不論物質生活還是精神生活都不能說不是豐富多彩的；然而人的心情卻常是沮喪的。這一點在表面上也許不易看得出來，因爲個個好像是體力充沛、精神飽滿、喜笑顏開、認眞工作。如果你在西方住久了，你才能穿透了這種富足的表象，窺見人們內心中的沮喪與孤寂。西方人的自殺率遠超過物質精神生活均不豐足的發展中的國家。犯罪率恐怕也是遙遙領先。此外，酗酒、吸毒，在最近的幾年已經形成嚴重的社會問題。人們何以如此地不知滿足？答案是西方這種發展的範型左右了人們的生活方式和心情。

先說西方的自由經濟的基本原則在競爭，不但企業與企業競爭，個人與個人也在競爭。人一生下來就加入競爭的行列。你自己還不懂人事的時候，也許你的母親已經把你裝扮起來參加嬰兒健康比賽了。後來一進學校，就開始了正式的競爭，不但考試是一種競爭，上運動場也是競爭。音樂、繪畫本應是陶冶性情的，也成了一種競爭的工具。離開了學校進入社會，那競爭就變得更加激烈了，因爲這時已變成生死存亡的競爭。在這樣的生存方式下，其心情的緊張可想而知。

在過去階級嚴明的傳統社會中競爭是不激烈的，因爲人的一生被階級固定了，無論你多麼努力也難以打破階級的局限。所以多數人認命了，反倒可以過一種安份的輕鬆的生活。在階級不分明的自由社會中，人人都覺得有往上爬的機會，是沒有人甘於安份認命的，因此社會中絕大多數人都加入了這種競爭的行列。目標是永遠定在前頭的，所以沒有一個人可以在有生之年達到自己所定的目標。因此也沒有一個人眞正滿足於自己的奮鬥。

然而最可怕的卻是在競爭中所出現的「明星」制度。不但在娛樂界有所謂的「明星」，在體育界也有「明星」，在學術界也有「明星」，在政治、工商業界，無不有「明星」。「明星」畢竟是少數的少數，數萬人中難以得一。其實「明星」與「準明星」之間不過只有一線之差而已。就因爲這一線之差，一個在九天之上，其他都在九地之下。所謂一將功成萬骨枯。這個比喻雖然有些不倫，但也差堪近似。不知道有多少人傾其全生的精力，努力想攀上明星的寶座，但終攀不上。其心情之沮喪，亦可知矣。那僥倖攀得上明星寶座的，如要維持住這個寶座，自須繼續努力不懈。要想輕鬆下來，難矣！這也就是爲什麼西方人對渡假，看得與生命一樣重要的道理。因爲只有在渡假的時候，才可擱開一切，暫時退出競爭的行列。

在競爭中，所產生的貨品，不管是物質的還是精神的，當然可以精益求精、日新月異。在運動上、技術上，年年都可以打破以往的記錄。只有一件，人們的生活內容卻因此越來越低劣了。

何以見之？就個人而言，一個人在一生的競爭中，成功的次數少，而失敗的次數多。洞徹人生恬淡達觀的哲人畢竟少有。因此成功的滿足實難以抵償失敗的痛苦。就社會整體而言，成功的是少數，失敗的是多數。競爭的結果，使大多數人懷了一肚皮的憤懣與怨氣。問題還不僅止於此，競爭常使人把其他別的人都看成競爭的對手。本來可以成爲良朋密友的，在激烈競爭的環境中也會轉化爲勢不兩立的對頭。這個競爭的心態，竟如火之到處蔓燒、水之無孔不入。卽使在一家之中，也不能免疫。兄弟間要競爭、姐妹間要競爭，父子也要競爭，母女也要競爭。如今在婦女解放運動的聲浪下，原來男女本不相爭的局面也打破了。因此，夫妻之間也大可有競爭之處。在競爭失敗之後，自然難保心情之順暢。不管誰是失敗者，都會波及到切身的親人。在這種緊張競勝接之而來的必然灰心喪氣的心態中，奢望保持人際關係之和諧，亦難矣！

人際關係旣難保持和諧，人只有退回來與自我相對，自己慢慢來咀嚼那沮喪的況味。因爲人人都有一本難念的經，負擔自己的痛苦已經夠受，誰也沒有多餘的精力來關顧他人。人，於是逐漸變成一種自私與孤獨的動物。如果到了最後，自己無能舒解精神上之張力，消除失意後之哀傷，又無望獲得他人之關顧，唯一的方式就是求助於酒力或毒品，以求一時之快；再不然就只有殺人與自毀一途了。

人所具有的「德行」，多半是在人際關係中顯露的。在一個競爭的社會中，人際關係不但淡薄，而且常常形成對立。追求成功者，只求達到目的，絕不考慮手段。一般對人的評價也是只以成敗論英雄。在這樣的環境中，德行不但無從發展，即少有萌發，也被人視爲累贅，棄之唯恐不及。

再其次，在西方自由經濟的社會中，講求的是效率。因爲要提高效率，事事非必須專業化不可。專業化就造成了一個人與完整人格及完滿生活的疏離。

在現代西方的社會中，非但追求完滿人格之不可得，而且人們早已失去了這種興趣。大家追求的是專門，愈專愈好，愈專愈不易有人與之競爭，則出人頭地之可能性亦愈大。職業的愈專愈窄，愈專愈精，自然也影響到生活上的偏枯。得了諾貝爾獎金的大科學家可能並不通人情世故。由這樣的專家來領導世界，實在是一件相當危險的事。此為一端。另一端的疏離則表現在傳統親族間的疏遠。裙帶關係、用人唯親，現在不管誰談起來都要皺眉，咸認是一種落伍腐敗的社會現象。但這種現象以另一個角度觀之，則代表了傳統社會親族間的融洽結合。在一個追求效率的社會中，自然不能用人唯親，而要憑本領來用人；以傳統的觀點來看，得要六親不認才行。所以西方的社會科學家常以這一點來劃分已發展的國家與未發展或正發展的國家間的不同。這種現象公則公矣，實行一久，親族間的關係也就眞正隔膜了。現代的西方人，不但沒有「族」這個觀念，橫的親人兩代以外的即很少有往還。甚至於父母子女間的關係，只要子女一成人，也就淡如清水了。

自由經濟給西方社會帶來了豐足的生活，然而人的心情卻並未因生活的豐足而滿足，反倒日益沮喪了。自由固然可貴，但西方人所付出的代價是很大的。西方的社會正在接受考驗。這種發展的範型爲是爲非，以及將來前途如何，尚是一個大大的問號。

寫於一九七八年三月二日愛蒙屯

原載一九七八年四月十六日《時報周刊》

歷史畫廊裏的人體

試想你走進臺北的忠烈祠裏，忽見我們的先賢烈士們都一個個地裸坐在供桌上，你是否會大吃一驚？再試想你走進自家的祖祠裏，見嚴正肅穆的神位變成了雕刻精美的裸體塑像，你是否更覺得不成體統？

美與審美都是歷史文化的產物。歷史文化是綿延相承的人類活動的主觀傳統；美與審美自然也就難期其有客觀的標準。美洲印地安人曾以紋面爲美，中國的仕女曾以纖足爲美，而今皆以爲醜矣！何耶？乃因歷史演進了，文化變遷了，美與審美的觀點也就不同了。

中國的藝術裏自古就沒有自然的人體美。仕女圖裏的人物，都是寬袍博帶，只見衣飾之美，而不見人體之美。半裸的佛像，傳到中國之後，也就漸漸地衣冠整嚴起來。誰曾見過裸或半裸的觀世音菩薩？

何以中國的藝術傳統裏竟如此漠視自然的人體之美？我想，這與中國的社會結構有密切的關係。中國遠自商周以來已經形成了一個以家族爲單元的社會，這種情況直至二十世紀中葉沒有多大的變化。在中國，家族不但是一個倫理的結構，也是一個政治的結構，同時也是一個經濟的結構。在這樣的一個組織裏，需要有一定的權力的分配、利益的分配、權利義務相互關係的嚴格規劃。人與人的關係，也須井然有序。否則，便不成爲一個組織。在一個縱的超過兩代、橫的超過兩系的家庭裏，男女日夕相處，對這樣的一個組織威脅最大的就是性關係。如果都要像賈府裏似地扒灰的扒灰，養小叔子的養小叔子，那一定不能避免大觀園的悲劇。所以家庭裏最重的是長幼有序、男女授受不親。中國的傳統文化，道德觀、藝術觀，無一不反映了這種基層社會組織的需求。也就是說文化道統是爲社會組織服務的。所以在中國的文化裏表現了對性的極端的壓抑。研究中國家族的許烺光教授說中國是一個「非」性的民族，是有幾分道理的。人體美則是一種性感的美，是對原始的性的讚歎，那自然是與中國的社會組織、歷史文化背道而馳的了。

到了二十世紀的今天，中國的文化遭受了西方文化沖擊之後的今天，我們的畫家也開始畫裸體像了，我們的雕刻家也開始塑裸體像了，我們對裸裎的人體也漸漸覺得沒有那麼可羞可怕了。然而跟著而來的卻發生了一個自卑感的問題。看啊！西方人身體發展的多麼均勻啊！多麼雄健啊！多麼美啊！再回頭看我們自己的被文明的衣衫密密嚴嚴地遮蓋了五千年的身體，卻覺得好醜好醜！

中國人的身體是不是比不上西方人的美呢？這要從兩方面來看。一方面是主觀的因素，一方面是客觀的因素。

在主觀上，中國的文化藝術一向不以人體爲美，我們世代的藝術家從不表現人體的美，我們自然也就不習慣看中國人的裸體。西方則不然，西方繼承了古希臘以來對人體與性的讚美，博物館裏、美術館裏羅列著數千年的人體精華。今天我們對人體美的鑑賞是受了西方這些人體精華的啟發。西方的人體美自然是以西方人體型爲標準的，我們受了這種習染，回過頭來看自己的體型自然不合格了。

在客觀的一方面，則是由於生理的發育。在自然界裏，以花草而論，不管是牡丹、芍藥、春梅、秋菊，不管是姸紫、丹紅、鵝黃、霜白，也不管是大簇、小朵、長枝、短莖，只要發育得飽滿、均勻，就各有其美。人體也是一樣。不管是黃膚、黑膚、白膚，也不管是直髮、鬈髮、蓬髮，只要發育得飽滿、均勻，也自會各有其美。可歎的是中國人的身體發育得並不飽滿均勻。

回顧以往的時代，中國人的身體發育的不够飽滿均勻，有三種因素。

第一、是歷史的因素。傳統上既不重視人體之美，誰又去注意對身體的保養與鍛鍊？有了錢，多買點好衣裳，多喝兩碗鷄湯，多長點脂肪，就覺富泰相了，誰去理什麼人體的美！第二、是經濟的因素。在傳統的社會裏，有些人連飯都吃不飽，常常是先天不足、後天失調，還談什麼發育的飽滿、均勻？第三、是社會的因素。以往，中國的社會組織重老而輕幼，權利與財富都抓在老年人的手裏，老年人大吃大喝，七十非肉不飽矣！年輕人只落得吃些白菜湯泡飯。如果年輕人發育期的大多半日子都在白菜湯泡飯中渡過了，還枉想有人體之美，那不是緣木求魚嗎？

主觀上的因素已漸漸變了，也就是說從以人體爲醜變到以人體爲美。客觀上的因素，也逐漸在變。發展工業、促進農業的結果，吃飽飯不但已成事實，而且大家注重營養與運動，人體發育也就異於從前。

如果我們做到這一點，在未來的中國畫廊裏，也就充滿了美麗的人體了。

一九七七、十、十三於愛夢屯

原載一九七八年一月十五日《時報周刊》

人世因緣與認命哲學

因人世遇合的不能自主，而產生因緣感；因對人事環境的無力改變，遂有認命哲學。

愈古，人對人事環境的變更愈不能爲力。在古代，人不但受家庭的限制、婚姻的限制。那時候多半是父業子襲，要是一個人無故脫離了他的職業跟家庭，就只有餓死的份兒，所以不管好歹，一輩子只有待在一個一定的圈子裏。特別是婆、媳或娌妯之間，有緣的絕無僅有，無緣的比比皆是。雖無緣份，環境硬把你拿作一堆，只有認命而已。除了家庭這一個大圈子以外，還有夫妻這一個小圈子，也是爲人硬捏在一起的。若是遇到千里有緣來相會的還算好，要是碰到一個對頭寃家，除了認命而外，又焉能作他想？這種種的人事關係，前人總認爲是天定的，人只有在天意之下屈服、認命。認命後雖可以稍減痛苦，但卻絕對無法獲得眞正的快樂。往古，不知道有多少寶貴的生命，在這種認命哲學下虛擲了。

今日，我們原則上已可以選擇自己的職業，媳婦也不定非要跟婆婆同居不可，配偶也居然可以自己去找，同時更享有離婚的方便，誰也沒有義務一生一世去忍受一個無緣的人。我們今日所可以享到的自由，比之古人，眞有天壤之別。但想想這種種自由，那是容易得到的？不知爲此流了多少人的淚跟血！

今日雖然仍有人世因緣的存在，但認命哲學卻淡薄得多了。從認命到不認命，在人類史的進展上可說是朝前邁了一大步。現在，人們不但不肯向天低頭，也不肯向人低頭。社會上固仍有職業的高低貴賤，但其爲人的尊嚴則一。人在某一個人世環境中，感覺人緣不合，自沒有忍受的必要，可以選擇另外一個環境。目前由於經濟的問題，這種變更職位、職業的自由仍是有限的，但正在各國推行及改良中的社會保險制度及失業補償制度，就是爲這種自由提供基本的保障。

未來的家庭組織，也在向自由組合的這一個方向發展。父母子女的傳統觀念已有些搖搖欲墜的趨勢。血濃於水，在人類的進化史上自有其一定的根源，但卻也並不是絕對的眞理。試看，發生在各代各國家庭間的血案，並不乏先例。這些所謂有乖倫常的事件，有時固然可以歸罪於變態心理，但在孝悌有倫長幼有序的中國社會裏所發生的唐太宗弑兄案，似乎與變態心理無關。也並未因此有礙於其成爲一代英主，而且對中國的社會、文化之發展均做出了極大的貢獻。所謂家庭的自由組合，並非一定要拆散血緣的關係，而是不一定受血緣所限。對那些有血緣而無人緣的人們，還是以分開爲是。

人類整個的發展史，就是一部追求人的自由解放的歷史。人類一面需要某些道德規條做爲律己的準則，但一面又不甘爲其所限。因此道德規條之對於人，不過是些時毀時換的鞋子。做破鞋的奴隸，是一件毫無意義的事。譬如說，今日再來提倡好馬不配雙鞍、好女不嫁二男，或非薄離婚改嫁等，都是些違反人類向前發展進化的腔調。我們不能再認命，我們不但要努力改造物質環境，同時也要選擇我們的人事環境，我們不再甘願把這唯一的寶貴的生命，在忍受中虛擲了。

原載一九七八年五月二十八日《時報周刊》

病態與常態

病態與常態是兩個相對的名詞，而非絕對的名詞。就生理學而言，適宜於客觀環境的生理結構，可稱之謂常態，反之則是病態。就社會學而言，適宜於社會規範的行爲可視之謂常態，反之則是病態。

人類的社會常在變遷之中，社會的規範則亦非恆久不變者。那麼人類之同一行爲之爲常態與病態，則全視當下之社會規範而定。農業社會與工業社會之結構既異，其規範自亦不同。在一個從農業社會到工業社會的轉化期中，人們所遭遇到的最大痛若與煩擾，莫過於行爲標準之混淆及道德評價之紛亂。如不明社會演變之理，與夫人類行爲與社會規範之相互關係，雖有守道之士挺身而出，大聲疾呼「人心不古，世風日下」，亦徒流於歷史之笑柄而已！

今舉一例以說明人類行爲與社會規範之關係。在農業社會中之夫妻關係，因規範於一個較大的家庭結構中，其相互間之關係只是家庭關係中之一部分。如這一部分發生了問題，尚有其他的關係可以維繫，故不易破裂。因此社會之規範視離婚爲病態。在工業社會的小家庭制度中，夫妻關係也就是家庭關係之全部，如夫妻關係發生問題，則無其他關係可資憑藉，故易於破裂。因此離婚不但爲法律所許，爲社會規範所許，而且漸漸形成一種社會之常態。因此甚至如今已有人對「家庭」這個制度發生了理論上之懷疑。

機器生產、政治民主、社會地位平等、人權保障，可說是現代所有社會所追求之共同目標。在一個現代化的社會中，男女在理論上來說自然是應該平等的。不但在社會地位上應該平等，在教育機會上應該平等，就是在就業與經濟利益上女人也應該受到與男人對等的待遇。最後的目標是人人（不分男女）都可以獲得獨立人格之發展。如果把這種理論與高尚的理想眞正徹底地實行起來，就會造成摧毀目前的家庭制度的一股客觀的力量。因爲現在的家庭制度還是建立在女人對男人依附的基礎上。夫妻完全獨立自主的家庭關係，到現在還沒有在任何社會中眞正出現過。如果男女眞正平等地獲得發展獨立人格的機會，男女之間的關係是否還可以繼續侷限在目前這種家庭制度的框子裏，則是很大的疑問。所以現在社會所追求的理想目標，便隱含了摧毀目前這種家庭制度的目的在內。

目前這種型態的家庭制度，除了是一種傳統的社會制度以外，從心理學的觀點來看，可以說是一種親子關係的遺存，也就是說人希求在夫妻關係中重溫親子關係的舊夢。所以在某一種程度上，夫妻關係是母子或者父女關係的反射。因此一個子型的丈夫遇到一個母型的妻子，或一個父型的丈夫遇到一個女型的妻子，常常會形成佳偶。反之一個子型的丈夫遇到女型的妻子，或父型的丈夫遇到母型的妻子，就會問題重重，難以適應。一個人如在夫妻的關係中尋求親子關係之舊夢，足見此人在心理上並未成熟。眞正成熟的人，則可以擺脫這種親子關係之遺存，而建立一種對等的異性關係。如以成熟爲常態，未成熟則是病態。嚴格地說，在目前家庭制度的影響下，能完全在心理上擺脫親子關係之遺存的成年人，可說少之又少。大多數人均多多少少具有一種病態的心理。目前家庭制度的夫妻關係，就恰恰建立在這種病態的心理上。如果現代的教育旨在培養成熟的獨立的成年人，那麼與現代家庭制度的心理基礎又發生相當矛盾。所以現代的家庭制度正處在一種風雨飄搖的情勢中，兩性的關係也進入了一種蛻變的過程。社會之模範則也不得不隨之而改弦易轍。這也就是爲什麼昔之視之爲常態者，今可視之爲病態，昔之視之爲病態者，今可視之爲常態矣！

原載一九七八年四月二十三日《時報周刊》

體罰與教育

教育兒童的方法很多，體罰是最能收燃眉之效的一種，因此過去不論中外，做父母的跟爲人師的，多喜採用這種方法。然而問題乃在所收的燃眉之效，是否即是眞正的成效，抑或是不過兒童暫時屈服於成年人淫威之下的一種僞裝?現代兒童心理學的研究成果，多肯定後者，所以體罰在現代的教育方法裏是被視爲禁例的。

然而原則上的禁，並沒有使體罰在家庭裏及在學校裏絕跡。小則耳光，大則籐條、鞭子，加在未成年的兒童身上，還是屢見不鮮的事。不幸的是成年人所加於兒童身上的體罰，爲了眞正的教育的目的，可說是鳳毛麟角；一般的情形，則多半爲了發洩成年人的淫威。這其中自然有許多個人心理的因素在內，但社會的傳統成習則發生了主要的決定作用。譬如說：不論東方還是西方的文化，都肯定成年人（父母及師長）對未成年人有監督之權。這種傳統的成習，就給了一個酗酒的父親有權折磨他未成年子女的口實。我們今日的成年人，無不是由兒童階段過來的。我們根據自身的經驗平心而論，幼年時我們所承受的體罰，有百分之幾是出於父母師長對我們的愛護與教育而來的？今日我們所加於我們自己子女的體罰，又有百分之幾是出於對他們的愛護與教育而來的？有沒有做父母跟師長的，在自己情緒好的時候，對子女及學生任意放縱；到了情緒惡劣的時候，子女及學生就動輒得咎的現象？人的情緒既是那麼易於波動，所施的體罰又焉得中肯？這只是說體罰是一種極難控制得宜的教育方法。

進一步我們則應該問：成年人的行爲標準是否事事都可爲兒童的模範？成年人固然有成功立業的美行，但那些貪贓枉法、姦淫擄掠的罪惡，又豈非唯有成年人始可爲之？在犯罪的統計上，到底是成年人的比率大，還是未成年的兒童的比率大？如果成年人較之於兒童更能而更易於做惡是一個事實的話，倒是成年人應該多學習一點未成年時的「赤子之心」，還有什麼面目來體罰未成年的兒童呢？

體罰在今日仍然暗暗地盛行於家庭及學校，是一個不容否認的事實。英國有一部叫作 *If* 的影片，描寫了學校對兒童之摧殘，法國有一部叫作 *L'argent de poche* 的影片，反映了家庭對兒童之折磨。像法國和加拿大這樣的國家，每年有數千起父母虐待兒童的個例。我國到底有沒有這種現象呢？好像從未看到報章報導過。是不是把兒童置於家庭與學校的翼護下，社會就沒有任何責任？我想應該還是有的。特別是在轉型期的社會中，這種問題一定很多。

兒童時期是一個人一生傾向的定型期。受屈的兒童，對成年人以及對整個社會的仇恨心理，常非一般成年人所可想像。如果我們希望今日的兒童能成爲比我們優秀的未來的成年人，就應該學習如何善待今日之兒童。社會也似乎應該有責任調查

體罰！體罰！！體罰！！！

在教育部明令規定了禁止體罰兒童的今日，居然又有人懷疑起來，又在討論是否可以體罰兒童的問題，是不是正如某些史學家所言，中國的歷史是循環式的，走來走去終又走回原來的路上？

每逢看到西方國家中生動活潑的兒童、敢作敢爲的青年和站在老師面前毫無懼色地侃侃而談的學生，心中就感到十分的歉疚。這歉疚是因回想到我自己的幼年和青年時期，想到在我以前、跟我同時，以及後來的所有的中國的兒童和青年而產生的。在我的經驗中，中國的兒童多半是拘謹呆癡的，中國的青年多半是木訥畏縮的，中國的學生在老師面前多半是唯唯諾諾不敢啟口的。可是中國的成年人和教育專家有沒有問過「爲什麼」這個問題？

我們的傳統所給予成年人對兒童的權力太大了！大得超過了比例，大得足以形成一種窒息扭曲兒童心身正常發展的壓力。而體罰，卻正是維護這種壓力傳統的一種具體的象徵！

中國二千年前已經產生了「幼吾幼以及人之幼」的崇高理想，可是這理想卻讓本來無此理想的西方人具體地實現了。中國二千年前也產生了「鰥寡孤獨廢疾者皆有所養」的崇高理想，可是這理想也讓本來無此理想的西方人具體地實現了。可見實現這些理想也並不是十分的難事。那麼爲什麼具有了「知行合一」與「知難行易」的眞知灼見的我國人反倒實行不了呢？現在弄到在教育幼童的方法上也不得不借鑑於西洋，還不值得反省嚒？還要來提倡什麼「適當的體罰」、什麼「酌情的體罰」、什麼「合理的體罰」？還嫌成年人對兒童與青年的權威不够大嗎？

體罰就是體罰！加予兒童的身上，就會產生終生難忘的烙印，並不因「適當」與「合理」就減輕分毫。一顆在成長中的幼弱的心，是應該允許犯錯，是應該獲得原諒的。在學習過程中犯的過錯，不應該受到粗暴的待遇。經受得起體罰的是成年人，而不是兒童！要體罰，應該體罰成年人，而不應體罰兒童！可是又有誰曾經考慮過適當而合理地體罰無行的老師和不負責的父母？向老師和父母徵求是否可以體罰兒童的意見，等於向人類徵詢是否可以吃動物的血肉一樣，挨刀的是豬羊，而不是人類！

在明令禁止體罰的情形下，現在學校中對學生實際體罰的情形普及到什麼程度，嚴重到什麼程度，我不知道，因為從來沒有見過這種調查與報導。可是在我們那一輩的成長過程中，在學校中能逃得過體罰的，可說絕無僅有。因此形成了一種對訓育人員的敏感症，認為訓育人員就是惡勢力的具體代表與魔鬼的化身。這種與訓育人員對立的態度，一直到大學階段，不曾少懈。直到我自已擔任了老師，才發現訓育人員也並不多麼異於常人，對同事有時也滿客氣，只是因爲擔任了這種職務，就不得不扮演那種嚴苛的腳色。記得當時有的同事見我與學生相處相當和睦，竟開玩笑地要提議我擔任訓導主任，我說：「謝了，我寧願去投河上吊，也不去幹這個差事！」我一直認爲訓育人員幹得就是專門找岔兒的那種工作。我這種偏見，恐怕與事實也相差不遠。我們是不是應該檢討一下，在學校中除了導師制以外，是否眞正需要訓育人員？就是需要，訓育人員是否就該扮演警察在社會中所扮演的那種腳色？我們的教育思想是否應該建立在不相信人類天性的自然發展，對兒童的行爲處處設防的基礎上？

有些人見了今日年輕人犯罪事件累增的現象，就認爲是體罰不足的結果，但焉知道不是由於體罰過度與壓力過大的結果？我建議教育心理學的專家及學生對少年感化院的少年做一次對體罰的調查，看看體罰與犯罪之間到底有些什麼因果關係。外行人對此最好不要胡說亂道！

不要想父母都是天生的愛護子女的。在英法兩國被揭發的虐待兒女的父母每年有數千件，因而判刑的也有數百起。中國的父母並不見得特別的仁慈，不過是由於在成人權威的傳統迷障中，忽略了這種問題罷了。父母對子女的管教，尚且有時得要靠法律的保障，又焉可把體罰之權交到老師的手裏？與其信任成年人的公正無私，不如相信兒童的清白無辜。這應該是原則性的問題，豈可顚而倒之！

愛護今日之兒童，也就是愛護了明日的成人。而今日之成人，也正是昨日之兒童。可是人是健忘的動物，再加上本身利害的關係，這就是爲什麼受過氣的媳婦一樣會成爲兇惡的婆婆。我們也不能保證昔日的革命青年，老來不會變成滿清遺老；今日之民主自由的鬥士，將來不會成爲獨裁的暴君。我們只能寄望於今日的青年，把住上一輩在青年時期攻佔的陣地，不要再走回頭路了！

也許有人辯曰：「有些兒童與青年，實在可惡，不揍就是不行！」這豈不與因爲有些人壞得可殺，就主張在法律上可以「適當」地「合理」地殺人一樣荒謬！

原載一九八一年七月《時報雜誌》第八十三期

說戾氣

幼時常聽人說「戾氣」兩個字，覺得很抽象，很難解。其實用現代社會心理學來解釋，就比較容易。「戾氣」應該就是人際關係的不調協。如果一個社會中人際關係調協的方面少，不調協的方面多，就該說是戾氣充斥戾氣橫流了。

人際關係的能否調協，在過去總認爲要靠雙方天生的性情及個人之修養，很少考慮到社會結構、社會制度的問題。因爲那時候總認爲社會只有一種，無所比較。直到西風東漸以後，我們才了悟到婆媳之不和並不是婆婆天生的乖戾，或媳婦敎養太差，而主要的乃由於大家庭這種制度所造成。

社會制度所造成的人際關係的不調協，與個例的人際關係不調協是截然不同的兩回事。不過後者雖說出於個人之因素，但仍頗受前者之影響。當我們說一個人天生乖戾的時候，其實並沒有研究過他幼年的環境及過去的遭遇。如果研究過，就該知道天生乖戾的人可說絕無僅有。人們乖張的行爲或犯罪的傾向，仔細分析起來，都有些社會環境的因素在內。

人與人日夕相處，即親如父子，近如夫婦，也不能避免衝突。衝突並不一定就造成戾氣，只有衝突以後不得消解才會造成戾氣。衝突以後，受了氣的一方，自然懷了一肚皮的怨怒，需要發洩，需要報復。兄弟對打，打完了又和好如初。朋友間有一句俗話說：「不打不相識」。這都是因爲可以洩憤，可以報復，便不會積仇成戾。但是如因社會制度使一方不能洩憤，譬如媳婦之於婆婆，那口氣可就越積越大了。林冲之所以懷了一肚皮怨忿奔上梁山，豈不是由於當時的社會制度使林冲無法洩憤？所以說一個社會中如果其制度與結構常常使人不易洩憤，那這個社會中戾氣必定大。

戾氣是一種極為耗損精力的勾當。一個人如果積憤在胸，不得發洩，常常會茶也不思、飯也不想，就想找一個機會出氣。這樣不但損害了自己的健康，更妨礙了日常的工作。甚至有一天會像一個炸彈似地爆炸開來，使周圍無辜的人都連帶遭殃。所以說一個戾氣多的社會，不但經濟建設難以發展，而必定尚須消耗大量金錢多雇警察維持秩序，多建監獄容納囚徒。如人與人的關係都沾上了警察與罪犯的氣味，那戾氣必定更為增長，而勢必造成一種惡性的循環。

一個英明的當政者，最重要的一件事就是懂得如何消弭戾氣之道。笑臉常開固然是一件好事，板起面孔也沒有多大關係。因為笑臉固然可以消弭近身之戾氣，但不一定能消弭社會上之戾氣。如對社會上之戾氣疏導有方，即使板起面孔也無大礙。

如何能消弭社會上之戾氣，則是如何使人易於洩憤的一個問題。西方的心理醫生常常勸人每日早起痛毆椅墊一頓，則可以維持一日心情之愉快。這只是說洩小憤，大憤則難以椅墊來代替。什麼是大憤？大憤多半是不公平的社會制度所造成的怨怒。如無衝突則已，如發生衝突，吃虧的一方自然是弱者。然而此時社會制度又保障了強者的權力，而剝奪了弱者洩憤的可能，那麼這種積憤而成之戾氣，已不是個人之小戾，而成社會之大戾了。這種積憤如無法洩在該洩的對象上，也可以轉移對象。如媳婦之無能洩憤於婆婆，則可待機洩憤於其未來之媳婦，造成冤冤相報之循環。如說一個人積憤在胸，不得發洩，又不成疾，只靠了個人的修養硬生生的消化掉了，那無論在物理學還是心理學上都是講不通的。因此如何保障弱者洩憤的權利，則是維持社會祥和之氣的一個重要關鍵。

五四時代的那一輩人常用「吃人的禮教」、「封建的社會」這一類的名詞。禮教本是約人以禮，何以竟來吃人？社會本是一個營共同生活的羣體，何以竟成封建？這不過是因爲傳統的社會制度有很多方面只許猛虎橫行，不容綿羊安居。這種積戾而成的後果，中國人早已經嚐夠了。今後如何保障弱者洩憤的權利，不但是一個社會學上值得研究的課題，也是一個政治上及法律上的重要問題。甚至於對經濟的發展，也有莫大的關係。

原載一九七八年七月九日《時報周刊》

多元社會的三層意義

近幾十年來西方的民主政治經驗，愈來愈顯示出與多元社會之間密不可分的關係。民主政治從服從多數人開始，逐漸走上了尊重少數人的道路。既然尊重少數人的團體，不管是民族性的少數、文化習俗的少數、宗教信仰的少數、還是思想行爲上的少數，勢必都要造成一種多元化的社會。而在多元化的社會中，因爲每一個構成的集團，意欲獲得受人容忍與尊重的權利，則必先要盡容忍與尊重他人的義務，因此各集團不得不在妥協中尋求保障自我利益與獨立自主的途徑。這種社會結構上的作用，自然又成爲民主政治運行的有利基礎。所以多元社會與民主政治是互爲因果的。

多元社會的第一層意義，是在結構上的多元化。如暫以國家的範限做爲社會的單元（雖然二者並不等同），因爲歷史演進的複雜原因，今日欲求一個在民族上、文化上、語言上、宗教信仰上、思想行爲上單一的社會實已不可能。不要說像中國、美國、蘇聯、印度等幅員廣大人口眾多的大國，其構成分子非常複雜，就是像歐洲的土地狹小人口稀少的小國，其構成分子間之異離現象已甚爲可觀。像名義上很大實際上很小的大英帝國，在地域、種族、文化傳統和宗教信仰上就分成英格蘭、蘇格蘭、北愛爾蘭和威爾斯等集團，這還不曾計算階級性和職業性的差別。像瑞士這樣的小國竟使用三種不同的官方語言，這還沒有把使用範圍較小的方言計算在內。今日每一個國家，不論大小，都是一個極爲複雜的結合體。誰要想再以穆罕默德的方式來征服異體，恐怕已是不可能的事了。唯一可行的方式，就是承認每一個異體的存在權利和價值。在這樣的一個基礎上再求妥協與共存之道。

多元社會的第二層意義就是社會發展的多元化。人類社會的發展是從單純趨向於複雜、從單元趨向於多元的。原始的社會，家族、政治、宗教等均爲一體，今日則不同。以農業生產爲主的封建社會是泛政治主義的，也就是以政治掛帥來統馭一切。今日的社會有些則早已不如此，有的社會則不應如此。因爲政治是謀求社會發展的手段，而非目的。如果反果爲因地把手段當作目的，只有阻礙社會的發展，而不能促進社會的發展。在一個多元的社會中，政治有其一定的範圍，不能統領一切。經濟固然有其自行發展的規律，其他舉凡宗教、法律、教育、科技、體育、文學、藝術、音樂等活動也均在政治之外，無法以政治統一之。如勉強統一之，則無宗教、法律、教育、科技、體育、文學、藝術、音樂可言。所以在一個多元的社會中，人的生活面也是多元的，有政治生活，也有非政治生活。

多元社會的第三層意義就是政治的多元化。民主政治的具體內容，就是一種多元的政治。因爲構成社會集團的多元化，勢必產生多元化的代言人。國會與議會就是異體的代言人之間謀求妥協與共識的場所；政黨則是異體間做公平的權力競爭的機關。如無異體間之公平的權力競爭，則無政黨存在之必要，故在理論上，民主政治必須以兩個以上的政黨公平競爭爲前提。

兩個以上的政黨，並不必定表示有兩個以上的理想、共識或國策。如美國的民主、共和兩黨均以民主政治爲理想爲共識。兩個以上的政黨也並不表示必須時常更換國家之元首，如英國的皇位、日本的皇位均在政黨競爭之上。依此而論，一黨多派，只要做公開的競爭，也具有多黨政治的實質意義。多黨與多派的實在意旨乃在化陰謀顚覆、攙沙子、挖牆角等手段爲公開公平之競爭，也就是化小人行爲爲君子制度，化流血鬥爭爲議會政治。實際上的受益者非僅是全體國民，在位執政者與既得利益者也包括在內。

多元社會的這三層意義是彼此關聯的，進則同進，退則同退。就今日社會構成之複雜而言，多元社會與民主政治是今日及未來人類發展的一條康莊大道；就今日教育普及與資訊之發達所導致的民智大開而言，多元社會與民主政治是今日及未來人類可見的唯一可行之道，欲其不行，亦不得已。早認定方向，勇往直前，可成爲先進；因循蹉跎，則永落人後。對內而言，多元社會，使異體的集團可各安其所；民主政治，使異體的集團在妥協中達成共識，結成一個全民參與的政體。對外而言，外交是政治的延伸，而非達成改變外人對一國之觀瞻的手段。只有健全的政體，才有獨立自主的外交；也只有全民參與的民主政治，才會結成健全的政體。全民參與的民主政治則必須建立在承認社會中多元客體的基礎上。

原載一九八三年五月《南北極》月刊第一五六期

社會福利制度會拖垮資本主義制度嗎？

西方眞是個奇怪的世界，郵局罷起工來，可以幾月收不到信件；交通運輸罷起工來，大家只能靠兩條腿走路；清潔工人罷起工來，垃圾可以堆滿街，現在英國輪到自來水工人罷工，幾百萬人口只好煮河水喝！

這些現象都是大出乎馬克思意料之外的。他老人家再也不曾夢想到，沒有經過無產階級革命的資本主義社會中的工人階級竟變得如此專橫！工人階級早已經不再是讓資本家任意剝削的可憐蟲！不但不是可憐蟲，而且可以組織工會、組織政黨，同資產階級相抗衡！工人的政黨就組織在做爲馬克思「資本論」理論基礎的社會中，就組織在連皇室都不會推翻的君主政體中！你說怪也不怪？眞是叫信仰馬克思主義的理論家們乾瞪眼！

工人組成的工會，不但勢大權高，而且財力雄厚。罷起工來，可以津貼工人的損失；打起官司來，請得起第一流的辯護律師。你說還有哪個普普通通的資本家惹得起？任何工廠，弄不好跟工會的關係，恐怕難以避免關門大吉的命運。

工人的力量雖然這麼大，卻並沒有改變資本主義「各私其私、各利其利」的基本原則。這個基本原則聽起來很不動聽，實行起來對每個人倒並非沒有好處，因爲每一個爲個人利益而奮鬥的人做出來的「功」，不可避免地會成爲社會的集體財富。反之，一切爲公的口號，叫起來非常動聽，實行起來則不免時時刻刻與個人的私利相衝突，結果是大家都提不起工作的熱情，對社會的集體反倒無「功」可獻了。這個理論似乎早已爲目前世界上兩種不同的社會制度幾十年來的實踐所證實，因此西方的工人階級寧願「忍受」資本家的「剝削」，而不願去做社會主義社會的

「主人」。這也許是很使馬克思失望的一件事！

所謂「剝削」，是個難聽的詞兒；特別是這幾十年被宣傳家們塗染成一種政治口號以後，就更顯得刺耳了。事實上，如果不剝削工人的勞動剩餘價值，根本就不可能造成資本的積累；沒有資本的積累，就不可能有擴大投資；不能擴大投資，又怎麼能夠促進生產、增加社會的財富呢？社會主義國家，在消滅了資本家以後，也無法消滅對工人勞動剩餘價值的剝削。

所以問題不在是否應該剝削工人的勞動剩餘價值，而在如何「恰如其分」地剝削。正如前言，全無剝削，則不可能造成資本的積累；但過度剝削，不但在法理上有傷人權，在經濟上也會造成積累的停滯，因爲工人的身體狀況與工作情緒可以直接影響生產成績。再說工人本身就是消費者，對工人工資的投資等於在擴大消費市場，可以直接促進生產的提高，所以工人的工資早已成爲資本家投資計畫中重要的一部分。

如此說來，勞資雙方是甘苦與共、利害相依的了，爲什麼還有如此頻繁的糾紛呢？原因就是雙方在「恰如其分」的剝削程度上存有看法上的差異。工人最直接的利益是提高工資，但也雅不願見資本家因此而破產，使工廠倒閉，自己失業。資本家最直接的利益是壓低工資，但也雅不願影響到工人的健康與情緒，以致降低工作效率。因此雙方的觀點與利益需要根據不時變動的市場價格，和通貨膨脹的情形而作合理的調整。這就是勞資雙方糾紛與爭執的來源。這些年來，也發生了不少因調解不成，造成工廠倒閉，工人失業的情形。原因是工人依恃了社會福利制度中的失業保險，把個別勞資糾紛調解失敗的惡果輕易地轉卸到整體社會上去。因此現在已經有人警惕到社會福利制度是否與資本主義制度存在有根本的矛盾，會不會終於拖垮了資本主義制度？

但是也有人認爲工人階級已經不再是一個愚昧的被動的階級，工人階級有自己的政黨，有自己的理論家，不但對整個的經濟運作瞭如指掌，而且可以直接干預立法。拖垮了資本主義制度，目前除了社會主義制度外，還沒有第三條路可走。資本主義社會中的工人放着現有的種種權利不享，甘願把工會交到官僚統治階級的手裏，去戴那一頂社會的「主人」的空帽子嗎？波蘭工會的遭遇就是最好的借鑑。所以近年來，在英國有些激進的工會發生了分裂，影響了工黨的團結與政策。也有不少個別的工人在政選中寧願去投保守黨的票，不然保守黨如何能在工會龐大的英國掌權執政呢？

所以提高工人階級的知識、加強工人階級的政治參與，對資本主義制度反倒是一件有利的事。將來捍衞資本主義制度的主力，可能不再是資產階級，而是工人階級。讓我做一個大膽的預言，下一個波瀾壯闊的世界性的政治運動，恐怕將是「全世界的工人階級聯合起來，爲消滅社會主義的官僚剝削階級而奮鬥！」

這恐怕又是出乎馬克思意料之外的。但無論如何馬克思也許反而因此而高興，因爲他自己今日不是悠逸安詳地睡在資本家的墓園裏嗎？不但他的墓比墓園中任

管人還是管事

中國的傳統社會結構和文化型態都是家族式的，政治組織也是按照家族的模式建成。在一個家族中，家長不但要管事，更要管人，所以中國歷代的政府也都是人與事兼而管之。到了後來，甚至於管人比管事更重要。

現代的以工業社會爲基礎的所謂「民主政治」，不管在理論還是在實際上都與中國的這一大傳統大相迥異。既曰「民主」，人民就是主人，不允許別人來管，反過來反倒要去管政府。所以國父孫中山先生曾言：「政治者，管理眾人之事者也。」也就是說搞政治，是管事的，而不是管人的。

那麼人就不要管了嗎?在理論上說,人是不需要別人管,別人管也管不了!只有在犯了法的時候,才受法律的制裁。嚴格地說,法律管的也不是人,而只是人的某些行爲。因爲人的某些行爲觸犯了法律,以致失去了人身的自由,這時候倒有點像法律在管人了。不過要注意的一點是:在民主制度中,法律不屬於政府,而屬於社會。政府卻正如國父所言,只是管理眾人之事的機關,而不是管人的機關。

在這種情形下,政府中才產生了各種的分工,有管教育的、有管外交的、有管國防的、有管經濟的、有管財政的等等。各部門管的仍然是事,而不是人。正因爲政府各部門各有專責,才不至於你也來管我也來管地亂打架。而社會中的個人卻有各方面的生活與活動,以至於與政府中的各部門都可能發生關係,但每個人的所有活動絕不隸屬政府中某一單一的部門所管轄,個人則更不在政府的管轄之列,此理至明。

但是,此乃以現代的民主政治或三民主義的觀點而言。如以我國三千年來帝制的傳統而言，政府事倒可以不管，人卻是要管的！雖然我們人人都學過三民主義，也都自以為體悟到國父民有、民治、民享的基本精神，但一旦實行起來，那幾千年來帝制的鬼魂卻時常在我們的心中作怪。舉個簡單的例子，長在人頭上的頭髮，是個人身體的一部分，與他人無關。以今日民主的觀點來看，不管教育部也好，市政府也好，都是無權過問的。如果你偏要管，那是灶王爺貼到大街上，多管閒事！不但是多管閒事，簡直可以說是自找麻煩，吃飽了沒事找罵挨！

如果此事體果眞如此重大，政府就該專設一個理髮部來掌管人民頭髮之事，那就無話可說。否則，教育部、市政府都有不少值得動腦筋的事等著去辦，何苦把寶貴的精力消耗在不歸自己權力範圍的事情上！

政府的官員常常深盼民眾養成守法的習慣，其實這種習慣倒應該由政府的官員首先培養起。今假設有一個「守法」的學生，因頭髮問題一紙把教育部或市政當局以妨害人身自由的罪名告到法院去，不是叫法官老爺為難了嗎？

如果政府官員定要管人而不管事，則最好的辦法是爲官員們辦一個三民主義講習班，從「政治，乃管理眾人之事者也」學起，免得總是忘了清王朝已經過去七十多年了！

一九八三年二月十五日於英倫

原載一九八三年七月一日《中國時報・人間》

大民族主義

在國內時也屬於多數民族，從來不曾體會到做爲少數民族的苦處。如果有任何少數民族膽敢批評我們大漢民族，我一定首先擼袖子掌他幾個嘴巴。到了國外，自己變成了少數民族，才知道身爲少數民族滋味不好受。一個社會的風俗習慣、宗教信仰，都是屬於多數民族的；一個社會中的立法也很少顧及民族中的少數；連上飯館、穿衣服，做爲少數的人，也不得不委屈自己的口味。在這種處處受挫的情形下，還得要笑臉迎人，不准發一句怨言，那可得要極大的涵養了！

我們大漢民族常常自誇同化力高強，但在這種同化力中有沒有夾雜着一些暴力的成分呢？我們似乎沒有仔細考慮過。我看到英國人在同化他族所遭遇到的困難時，就不能不想到我們大漢民族在同化的美名中所包藏着的問題了。英國人在本土之外，至少已經建立了美、加、澳、紐等好多個領土廣袤的國家，可是在其本土，英國人的同化力卻不很成功。不但在英國的亞非移民一天到晚怨聲載道，連蘇格蘭人、威爾斯人、愛爾蘭人都要跟英格蘭人劃清界限。現在英國人對外人的批評訾罵早已成了習慣，不以爲意。誰叫他當日那麼貪心，把各種膚色的人種都劃入大英帝國的版圖呢？今日的麻煩，是當日自己找來的，夫復何言！

英國人對付的辦法是容忍！容忍！再容忍！立法上要尊重少數的權利，政治上要准許少數的參預，報章電視上也時時地提醒教育羣眾要容忍！卽使如此，仍免不了偶發的排他現象。

回想在中國的各種少數民族，一個個都好像千依百順的好學生，對我們大漢民族很少發什麼怨言。我們大漢民族也自以爲高人一等，別人不該有任何怨言可發。

但這是平時，如果遇到危機的時候如何呢？西藏的危機是一個前例。新疆的維吾爾，也並非太平無事之地。就說目前的香港吧，香港的居民絕大部分是大漢民族，可是一聽到一九九七年的大限，就愁眉不展。大多數似乎寧願選擇做大英帝國的少數民族，因爲在大英帝國的治下，至少還可以發發怨言哪！

一九八三年四月二十七日於英倫

原載一九八三年九月《南北極》一六〇期

長跑與短跑

錢穆先生曾經說中國是個善於長跑的民族，不管目前多麼落後，但在歷史的長流上看中國終會跑到前頭。

錢先生的話很樂觀，也很足以令我們中國人自我陶醉個半天的，但終不免是一句直覺卽興的話，既沒有具體可信的證據，也沒有服人的邏輯。如果眞像錢穆先生似地把世界上各種文化的進展看成一場田徑賽，現下我們的的確確是跑在人家後頭了。不但跑到後頭，而且不是幾步之差，竟有相當遙遠的一段距離。也不只是科學技術、經濟生產上的落後，甚至於連國人一向自豪的屬於人文範疇之內，法政典章、人際關係也遠不如人了。沒有汽車、洋房，關係不大，沒有麵包、牛奶，若有足夠的小米稀粥和玉米麵窩窩頭吃著，也一樣可以度日，但最叫人喪氣的是：像我們這個一向自以爲文明的種族，連法律、人權都要向人家從頭學起，你說要命不要命！

近代不少開明愛國之士常把我國文化之所以牛步不前的責任一股腦兒推在孔丘的頭上，然而像我們這種熱愛歷史的民族，誰都知道我們也曾經有過漢唐盛世，當彼時也，孔丘的學說與思想非但沒有阻碍了漢唐文化的發展，反倒促成了漢唐文化的昌盛。何以故？兩千年孔教練所倡導的那種跑法應該是很先進的了，跟姓耶的教練、姓釋的教練、姓默的教練比起來都沒有什麼愧色。不但無愧色，而且跑起來還眞處處領先。誰想到後起的野蠻民族居然也學會了找教練的方法，居然也中規中矩地上了跑道。到底是野蠻成性，殊不知尊敬長上，竟時常地更換教練，逼得做教練的也不得不時常嘗試新法子，因此新教練人才輩出，練跑的技術也日新月異，選手的步伐自然是越來越快了。回顧我們自己，我們在孔教練指導下一跑就是兩千年，倒的確是「善於」長跑！無奈跟人家在更有本領的教練指導下的選手一比，我們跑得的確太慢了！

我們現在也逐漸明白過來，不能只陶醉在善於長跑的美夢中而毫不加快自己的步伐，因爲善於短跑的不一定就不善於長跑，十項全能的選手越來越多了。問題是光會長跑的倒眞不一定能夠短跑，何況「善於」長跑的「善於」兩字是十分值得懷疑的。不論長短跑，速度都是重要的。要快跑，就得借鑑於人家新教練的法子。這種新跑法的道理不難懂，甚至也不難學（日本就學得很不錯），難處只在肯不肯常換有本事的教練？換了教練之後肯不肯尊敬新教練？尊敬了以後能不能再換更好的？這一連串問題是學習快跑技術的先決條件。

在一九一一年我們得到了一位姓孫的新教練，提出了很多新法子。但可惜選手尚未出場，教練已經一命歸西，可說是壯志未酬身先死。一九四九年又換了位毛教練，尊敬固然够尊敬，不幸尊敬得過了頭，又犯了老毛病，以爲這位毛敎練的本領既然比孔敎練、孫敎練都大，毛敎練起碼也要領我們跑三千年。誰知不用說三千年啦，三十年不到，毛敎練的新跑法就出了問題。原因是跑了兩千年老慢步的筋肉是不能立刻跨超級大步的。素無訓練，就妄想一步登天，自然非折了腿不可。結果是非獨不能快跑，連慢跑也不能了，只好坐下來養傷。你說可悲不可悲？

原載一九八三年十月《南北極》第一六一期

尊師重道

孟子〈離婁〉下篇有這樣的一段記載：「逢蒙學射於羿，盡羿之道，思天下惟羿爲愈己，於是殺羿。」從現代心理學的眼光看來，這記載當然不會是事實，毋寧是老一輩恐懼後生的一種心理反射。也就是在老人文化中，對新生力量的一種嫉視，總是把正義歸於老的一代，把無道不義歸於晚生的一代。

另有一個流行民間的故事，反映了同樣的心態。說老虎跟狸貓學藝，等把本事都學到手之後，就想把狸貓一口吃掉。誰想狸貓連竄帶爬地上了樹。老虎坐在樹下，沒轍了。狸貓在樹上教訓老虎說：「幸虧留下這一手，不然還不坑在你手裏啦！」

這個故事除了指責後生無義外，還包含有兩重意義：第一重意義是老師教學生得留一手，不然就會吃虧了。第二重意義是老師總會留一手，所以學生無論怎麼學也趕不上老師。如果根據這後一重含意演義下來，那才眞是一代不如一代了。也難怪我國的黃金時代都在過去，越往後越退化。所以有些人不得不熱心倡導尊師重道，爲的就是復古更化，以挽救每況愈下之世風！

西方沒有尊師重道這回事。老師把本事都掏出來還怕教不好學生。事實上就是把本事都使出來，也仍然無法跟學生競賽。學生不但在年齡上佔了便宜，而且有老師做墊腳石，自然爬得比老師更高。這恐怕也就是爲什麼各行各業都能夠與日俱進的原因。等學生到了做老師的年紀，老師也該退休讓位了。老師不怕學生搶了自己的飯碗，所以西方沒產生老虎跟狸貓的這種故事。

然而蹊蹺的是不提倡尊師重道的西方，老師的薪水卻年年增加，各學校不是這津貼，就是那補助，務必使做老師的稱心滿意，各安其位。在大倡尊師重道的我國，做老師的卻要到處兼差兼課，不然就要喝西北風了。連據說是特別優待的客座教授的房租津貼，竟租不到半所公寓。

在西方碰到學生畢業，大家也常湊到一起大吃一頓。不過通常的情形不是大家湊分子，就是老師掏腰包，因爲老師都比學生闊。稱之謂「謝生宴」可也，如無學生，老師的財源從何而來邪？在我國學生畢業，卻要學生掏腰包請老師吃一頓，稱之謂「謝師宴」。表面上是謝謝老師的辛勞，骨子裏卻可能是看準了老師可憐，每年大大地餵他們一頓，免得當眞餓壞了！

一九八三年五月二十五日於英倫

原載一九八三年十一月十六日《中國時報・人間》

道德與法律

我們看到同胞乘車不守秩序，不免說：「眞不講公共道德！」看到我們同胞隨地吐痰，我們又說：「眞不講公共道德！」

到了西方的城市，看見人人排隊上車，沒看見有人在馬路上吐痰，於是我們又說：「人家眞講公共道德！」

是不是西方人就比中國人道德高強？非也！西方人的道德乃來自守法精神，守法精神乃來自懼法心理，恐懼法之無情懲罰！

資本主義社會的人都會精打細算，打算盤的目的就是多賺少輸。譬如說爭先上車罰兩百，心裏一算計，只好忍下了。當然現在西方沒有這種罰規，那是因爲習慣已經養成，看別人的白眼比罰錢更難受，所以不必罰錢了。新加坡因爲還沒養成這種習慣，白眼沒用，就只得罰錢，這正是因爲李光耀深通此中的道理。

再舉個例來說，西方的超級市場，都是顧客自己取貨，到門口一起算賬。少有人順手牽羊，可見顧客的道德高尚。如果你閣下如此想那又是以君子之腹度小人之心了。因爲大家不是不想牽，只因風險太大，才不牽的。如果偶然牽一次，給也是偶然駕臨的便衣巡查抓到的機會可說少之又少。但偶然牽一次對你的生活又有何補？如要決心以此來貼補家用，就非得天天牽，日日偷不可。這樣一來，僥倖不被抓到的機會可說是少之又少了。抓到的結果呢？小則罰款道歉，大則坐牢破產，說不定還要賠上性命。如此算盤一打，全盤輸定的賭博，誰幹？

也許你要問：在超級市場偷一次東西，就會賠上性命嗎？如果你還有臉活著，當然不會賠上！可是也有些人竟因爲再無臉見人而尋了短見。前年倫敦一位伯爵夫人，自己家財萬貫，又是電視節目的主持人，可說是一位家喻戶曉的鋒頭人物，只因在超級市場順手牽了一個價值六毛五分錢的魚罐頭，被便衣巡查逮個正著，爲了怕上法庭而尋了短見。當然這不是第一遭。據說此伯爵夫人素有佔小便宜之癖，早被人盯了梢，以致上了大當，而賠上一命。如此犧牲，雖叫人惋惜，但畢竟表明了此伯爵夫人尙有爲自己行爲負責的勇氣，並不曾躺倒地上打滾賴賬！誰曉得，也許在打滾有用的地方，伯爵夫人當場就打了；大概是明知打滾無用，才不必獻醜的！

法律就像一架鐵做的機器，無人情可言，絞進去就不免粉身碎骨。這一點我們東方人不大懂。我們比較怕人，不怕法。人都挺厲害，特別是有了地位的人，大家都不敢去惹。法卻稀鬆，有時一個小小的紅包就把法網打開了。在無法無天的情形下，我們只好硬充道德之士。記得在國內上大學的時候，有些老實人眞以爲人是道德動物了，在大學裏要設什麼自助郵亭。結果呢，不出一個月，郵票全「賣」光了。打開錢箱一看，只有零零落落的幾個銅板，不曉得是那個儍瓜丟的。其實這並

法律漏洞

法是一面網，有網就有洞。

英法的法網由來已久，雖然歷經補綴，其大大小小的網洞仍歷歷可見。俗語嘗曰：「不法之徒，專鑽法律的漏洞！」此言似是而非。不法之徒，根本目無法紀，才不屑於去鑽法律的漏洞呢。鑽法律漏洞的全係知法守法之輩！

知法守法者何以要鑽法律的漏洞？因爲立法的精神乃在促進社會之進步、人類智慧之發達。如立法時留有空隙，此正爲立法者有意設計，以此來推動社會之前進。有洞而不鑽，只能使社會停滯、人類智慧退化，大有悖謬立法之初衷。故凡合法鑽洞者，不但法律無可奈何，實際上此等行爲正爲促進社會前進之動力！

然則，漏洞愈鑽愈大，如何是好？法網正如魚網，其網洞之大小，與所欲捕之魚尺寸成正比。今若不但小魚逃逸，大魚亦漏網而去，自然不是辦法。在這種節骨眼兒上，只有頭腦昏花的人才去怪魚，頭腦稍微清醒的人都知退而補網。所以法律不是一成不變的，得隨時隨地根據實際的情況予以修正，目的卽在恰好捉住欲捕之魚，而放逸欲縱之魚。應縱而不縱與應捕而不捕，同樣有害於社會之發展。

也許又有人說啦：「專鑽法律之漏洞，畢竟有礙道德！」

嗚呼，道德者何謂邪？道德乃維繫社會不散不墜之力量。法律者何謂邪？法律乃促進社會前進之力量。中國曾經數千年之考驗，始終不散不墜，足見國人皆道德高尚之士！中國也曾經數千年之考驗，總是在原地踏步，所進有限，足見國人皆不法之徒！

不法者，不但是不知法、不守法，也是不懂鑽法律漏洞之謂也。因有漏洞而無人鑽，所以立法的人也懶惰了，盡把一張破網拿來東兜兜、西兜兜，好啦！好啦！願進的進，願出的出。就好像道德高尚的姜太公，別人用彎鈎，俺偏用直鈎，願者的上！生長在黃河裏的龍的傳人們，竟眞有上鈎的，你說怪也不怪？所以我們只好永遠活在姜太公的時代了！

一九八三年三月二日於英倫

原載一九八三年六月二十三日《中國時報・人間》

附錄　羅龍治：師兄犯戒了

有一個禪宗的故事，大意說：兩個師兄弟在山中行腳，當他們來到一座橋頭的時候，看見一個少女在哭。師兄走上前去問說：「你爲什麼哭呢？」少女說：「我不敢過這橋。」師兄說：「那你把眼睛閉起來，我背你過去好了。」師兄把少女背過了橋以後，少女就自己回家去了。不久，師弟忽然對師兄說：「師兄，你今天犯戒了。」師兄說：「我犯了什麼戒？」師弟說：「你剛才做了什麼事，你自己知道。」師兄說：「哦，我早就放下了，你到現在還沒有放下來嗎？」

這故事告訴我們一個道理：戒刀就是屠刀。一個修行的人，如果不懂得守戒之

「理」（不只是條文），他以爲自己天天在守戒，其實是時時在犯戒！

我提這個故事，是因爲最近我在人間看到牧者先生所寫的一篇談法律的短文，所引發的聯想。

牧者在〈法律漏洞〉一文中指出：英法的法網由來已久，雖然經歷補綴，其大大小小的網洞仍歷歷可見。俗語嘗曰：「不法之徒，專鑽法律的漏洞。」此言似是而非。不法之徒，根本目無法紀，才不屑於去鑽法律的漏洞呢。鑽法律漏洞的全係知法守法之輩。

這觀念很有啟發性。英法人民有重視法律的傳統，他們認爲日常的作息，就是在法網的洞中，進進出出，這是合法的「進出」。中國的人民一向較重視倫理而不重視法律，他們把法律看做「疏而不漏」的大網。這張大網是不容許「進出」的。如有人想要進出，必須自己打個洞，才可以鑽出去。日前有人對我說：「蛋要打個洞，才能站起來。」這個比喻，很可以說明中國人「不法之徒，專鑽法律的漏洞」

的心理。

中國人通常不會把法網上的「洞」和「漏洞」混爲一談。但是牧者特地把他們混爲一談，這也很有啟發性。我們仔細分析一下，法網上的「洞」往往就是「漏洞」。譬如說：假設某公司規定「員工上班遲到十五分鐘，一律視同曠職處分」。那麼，如果有人天天故意遲到十四分鐘，這就成爲鑽合法的「漏洞」了。牧者說：「鑽法律漏洞的全係知法守法之輩。」這是一針見血之論。知法者可以佔便宜，不知法者當然就要吃虧了。這是「法律常識」。

我認爲：新修訂的大學法規定「憲法」列入必修，這是應該具備的現代「法律常識」。高中、國中的公民課程，我希望也由法律系畢業的來講授，不要變成專講忠臣孝子的「魚目課」。

如果你有空閒的話，試把傳統中國人「不知法自守法」的情況，拿來和前面「不認戒而守戒」的小師弟比比看，他們是不是很像？

而且，師兄呢？師兄犯戒了嗎？
請猜猜看。希望時報來一次「有獎徵答」。

原載一九八三年七月五日《中國時報・人間》

社會主義與自由主義

柴契爾夫人所領導的保守黨雖有千百種施政不得人心之處，但卻有一種值得喝彩，那就是盡量減縮政府的權力，使社會中的運作，該私營的歸私營，該民管的歸民管，政府不再插手。企圖把工黨執政時期因政府一把抓所積累的社會問題扭轉過來。

近代政治上的兩大思潮：一曰社會主義，一曰自由主義。前者主張以政府的力量求取民族的解放與社會的平等。後者主張以自由競爭的方式來刺激人們的創造力，進而謀取財富之增殖與豐足之生活。社會主義的極端就是政府無所不在、無所不管，上面形成了一個強有力的集權官僚組織，下面治下的則是一群無所主張聽天由命的被動的順民。這種情況已經具體地出現在所謂的社會主義的國家中。自由主義的極端則可能釀成強凌弱、眾暴寡、大魚吃小魚的悲慘局面。但是到目前爲止，尙沒有一個社會走到這樣的極端。就是連香港這種有充分商業競爭自由的社區，雖暴露了貧富懸殊、暴力強權的罪惡面貌，若與集權的政府相比，則又是小巫見大巫，人民仍會毫不猶疑地選擇罪惡之輕者。也有些地區想兼取社會主義與自由主義二者之長，但弄不好卻反流爲兼有二者之短。因此，如目標不明，思想混亂，方向就難以確定了。

理論歸理論，不經實踐的理論永遠只是紙上談兵。對社會主義理論的實踐，人類可說是已付出了慘重的代價。近幾十年工黨在英國的小試、社會黨在法國的小試，也使一向傾向自由主義的英法兩國人民親自嘗到了苦頭。現在不但蘇聯、中共和東歐諸國在經濟衰頹的壓力下不得不改行有限度自由的修正主義，西歐和北美的政治思潮也逐漸擺向自由主義。過度的自由主義固然也可能造成災禍，但是歷史證明這樣的災禍控制起來並不困難，只有使社會向兩極分化爲強權的官僚和失去自主與創造力的惰民，才眞是人類最悲哀，也最無能爲力的處境。

六月中，柴契爾夫人促成了國際民主同盟（International Democrat Union）的成立。此同盟即由一九七八年組成的歐洲民主同盟（EDU）和成立不足一年的太平洋民主同盟（PDU）合併而成，可視爲在共產國家以外的社會主義國際組織（Socialist International）的一個有力的對立團體。

一九八三年六月二十二日於英倫

原載一九八三年七月三十日《中國時報・人間》

只享權利不盡義務之人。爲什麼把這兩種人放在同一等？正因爲二者對社會之凝合都同樣起到破壞的作用。只享權利不盡義務之人，當然不能爲人羣所容，乃顯而易見之事。只盡義務不享權利者之破壞力則常常爲人所忽略。今試言之，只盡義務不享權利之人在心理上不是出於英雄鋒頭主義、或陰謀家，以不享權利之手段達到享更大權利之目的，就是心理上有所故障，不知權利爲何物者。換一句話說，這種人非狂卽詐，要不然就是傻瓜。就個人而言，在做人上已不可取。如果眾人起而效之，皆只盡義務不享權利，如此一來又把義務轉化爲苦役，則此社會非崩解不可。所以對於只盡義務不享權利之人，不但不應推崇，而應該與只享權利不盡義務之輩同樣遭到貶抑才對。最後的一種人是權利也不享、義務也不盡的人，這種人成爲脫離社會的化外之民，比之於光享權利和光盡義務的人尤差一等。因爲光享權利和光盡義務的人，雖會破壞社會之凝合力，但尚不致完全否定社會，尚與社會有單方面的依存關係。既不享權利也不盡義務者，則等於視社會爲無物。這種人常爲人誤爲有出世之想的名士，其實是最該貶抑的對象。

由以上的論點，可知一個正常的社會應該以第一等公民爲主體，在公民教育上應以第一等公民爲楷模。奇怪的是有些人不明這種道理，常常誤把只盡義務不享權利的狂傻之徒作爲社會的楷模，這毋寧是在拆社會的臺了！

一個正常的社會中的正常的公民，既然義務也盡了，權利也享了，便沒有什麼特別值得褒獎之處，應該把褒獎留給那些有創造革新貢獻的人。如果一個公民只因爲多盡了一分義務而受到褒獎，那如不是有意掩藏社會中壞人太多的事實，就是表揚錯了對象，正在破壞社會之凝結而尚不自知也！

要知道，享權利也是對社會之凝結應盡的一種義務，而盡義務也是在一個正常和諧的社會中應享的一種權利！

一九八三年六月八日於英倫

原載一九八三年十月二十二日《中國時報·人間》

宗教的社會功能

西方文化的兩大源頭是希臘文化與希伯來文化，前者促成了現代西方的自由與民主，後者則帶給了西方一種共同的信仰：基督教。

經過了中世紀教會的退化與墮落，由於文藝復興的重新接引與肯定了希臘的人文精神，西方始得以突破基督教的教條主義。教會本身也因此得以逐漸獲得改革，同時教會也日漸分裂。羅馬天主教分化爲新舊二宗，舊宗有羅馬天主教與東正教之別，新宗則教派林立，數不勝數。這種由合而分，毋寧是突破統一的教條，以適應不同的文化背景與社會結構的人類集團的一種自然發展。就宗教的社會功用而言，分裂比統一更增強了教會的靈活適應性，更容易為結構不同的社會做出不同的貢獻。

另一方面，近代教會完全脫離政治而存在，反倒可以與政治相得益彰。給予教徒完全的自由，正足以在教徒的行為上產生約束的作用。這說明了宗教從封建父權社會的強制性的教會追隨了經濟生產與社會組織的變革，也不能不演變成中產階級均權社會中放任式的教會。同時也說明了這種變革不但挽救了基督教因僵化而衰亡的命運，而且使原來傾向於強制性與教條主義的組織竟可以對現代的自由與民主做出積極的貢獻。

就以今日仍為世人視為最保守的天主教而言，每次的彌撒與告解，都足以達到洗滌現代人心靈與扶正現代人行為的作用。我自已既不是天主教徒，也不是耶穌教徒，但為陪伴信教的家人和朋友，也為對基督教獲得進一步的瞭解，曾多次參加各種教派的禮拜儀式。據我的觀察，任何一個教派的禮拜儀式，對一個現代的民主社會，都可以產生以下幾種正面的作用：

一、可獲得政治與經濟生活均無法供應的宗教信仰與心靈的慰安。

二、因爲每人都有選擇適合一己教派與教堂的完全自由（當然也有不參加任何教派或教堂的完全自由及退出任何教派與教堂的完全自由），每次參與都可以得到自願自發的滿足感。

三、在宗教儀式中可以使個人與群體合而爲一，也就是化孤立的個人於心理學家榮氏所稱的「集體的無意識」的「大我」之中。人類這一種需要大概比對上帝的崇信更能驅使衆人參與宗教儀式。

四、靠了經常宣講上帝對世人之愛肯定人生的意義。以耶穌及取法於耶穌的聖者先賢爲世人犧牲的實例來洗滌個人心胸中的卑劣與自私。

五、經過告解與祈禱，獲得自我之反省與更新。

六、神前一律平等，養成衆人平等的觀念和平等待人的態度。

七、在教堂中宗教儀式的肅穆氣氛與井然的秩序，培養了人們禮讓謙虛、守秩序以及與人爲善的良好習慣。（例如在彌撒中領聖餐，眾人自動井然列隊而前，絕無爭先恐後的情況。）

八、在教堂中的自願捐獻使人人都有測驗一己慷慨程度的機會，獲得爲羣體爲他人盡力的滿足。（教堂中的捐獻多爲公益與救助貧弱而爲，與神棍之藉機斂財或懼怕神譴而奉獻者不同。）

以上八條均可促進一個民主自由社會的形成與維持。如果說文學、戲劇、音樂、藝術的自由創造代表了現代民主社會中情緒放肆的一面，宗教生活則代表了人們自恃與約束的一面。正在此一張一弛間，人們獲得了情緒上的平衡。

一九八二年十二月於溫城

原載一九八三年十二月二十一日《中國時報・人間》

姜太公的神話

不管多麼複雜的社會現象，就今日社會學的眼光來看，都並不是不能加以分析的。理論很多，方法也不少。法國的人類學家克勞德・李維史陀斯（Claude Lévi-Strauss）認爲神話的來源、傳播和內在的結構，對瞭解人類的文化現象可以提供極大的線索。

我國的神話也很不少，每一個都具有些我們今天尚不多麼清楚的涵義。其中姜太公的神話就是很有意義的一種。

也許有人要向我瞪眼，姜太公明明是歷史人物嘛！是載在《史記》中〈齊太公世家〉裏的，怎麼可以說是神話呢？可是不要忘了，司馬遷在寫〈齊太公世家〉的時候，一連用了好幾個「或曰」，也就是說他老人家當時對姜太公的身世來源也弄不多麼清楚。可見在漢初的時候，姜太公的故事已經只是傳說，而不是歷史。後來有關姜太公的故事就愈演愈妙，到了《封神榜》中的姜太公，已經是分封諸神的總指揮了。

有關姜太公的故事，最有意義的一點，就是姜太公一出世就是老頭兒。這一點就像是中國文化的定調音符，注定了「老人文化」的命運。我們來看中國歷史上的人物，在人民大眾的眼睛裏，有的像天生的老頭兒，有的則永遠稚氣未脫。譬如在戲臺上的諸葛亮，誰見過沒掛鬍子的？諸葛亮招親時，已經成了老頭兒啦！相反的周瑜卻水遠年輕，總是飛揚浮燥，稚氣未脫。稍一分析，就可以發現，民眾賦予諸葛亮老頭兒的形象，是出於一種崇拜和愛護的心理，把周瑜打扮得那麼年輕漂亮，可並非出於好意，而是批評他驕躁淺薄，嘴上無毛辦事不牢！

由此可見老年和青年這兩種人人必經的人生階段，在中國文化中佔有如何不同的地位！如果前者代表了權威和智慧，後者則恰恰相反，代表的是屈從和無知。這就是爲什麼在中國的社會中，大家都喜歡充老。從前連三歲的小兒都得穿上小馬褂，戴上小瓜皮帽，冒充小老頭兒！

那麼回過頭來看姜太公的神話，據說姜太公出世的時候已經相當老，連文王都得稱他作師了。就算他跟文王一樣老吧，文王死時據說是九十七歲，又過了九年姜太公才助武王伐紂。算算看，那時候姜太公少說也該有一百歲了。到了這種年紀，就算他尚耳聰目明，恐怕免不了走路要人扶，說話搖腦袋了。以今日的眼光來看，應該早到養老院裏哼哼去了。然而《史記》上卻說武王使「師尚父與百夫致師」。致師者，打頭陣、打衝鋒也。註解上說得很清楚：「古者將戰，先使勇力之士犯敵焉。」也就是說，武王命姜老兒帶着一百個勇士先打衝鋒。結果竟打了個大勝仗，你看這老兒本事該有多大！

問題不在乎這是不是當日的事實，而是在塑造這種形象的心態。周文化是一個家族中心的文化，家裏的頭兒就是老祖父，家裏的法制就是宗法制度。其他所有的思想和行爲都得圍繞着這個中心打轉兒，而且一轉就轉了三千年！

一九八三年二月十二日於英倫

馬森著作目錄

一、學術論著及一般評論

《莊子書錄》，台北：台灣師範大學國文研究所集刊，第二期，一九五八年。
《世說新語研究》，台北：台灣師範大學國文研究所，一九五九年。
《馬森戲劇論集》，台北：爾雅出版社，一九八五年九月。
《文化‧社會‧生活》，台北：圓神出版社，一九八六年一月。
《東西看》，台北：圓神出版社，一九八六年九月。
《電影‧中國‧夢》，台北：時報出版公司，一九八七年六月。
《中國民主政制的前途》，台北：圓神出版社，一九八八年七月。
馬森、邱燮友等著《國學常識》，台北：東大圖書公司，一九八九年九月。
《繭式文化與文化突破》，台北：聯經出版社，一九九〇年一月。
《當代戲劇》，台北：時報文化出版社，一九九一年四月。

《中國現代戲劇的兩度西潮》，台南：文化生活新知出版社，一九九一年七月。
《東方戲劇・西方戲劇》（《馬森戲劇論集》增訂版），台南：文化生活新知出版社，一九九二年九月。
《西潮下的中國現代戲劇》（《中國現代戲劇的兩度西潮》修訂版），台北：書林出版公司，一九九四年十月。
馬森、邱燮友、皮述民、楊昌年等著《二十世紀中國新文學史》，板橋：駱駝出版社，一九九七年八月。
《燦爛的星空——現當代小說的主潮》，台北：聯合文學出版社，一九九七年十一月。
《戲劇——造夢的藝術》，台北：麥田出版社，二〇〇〇年十一月。
《文學的魅惑》，台北：麥田出版社，二〇〇二年四月。
《台灣戲劇——從現代到後現代》，台北：佛光人文社會學院，二〇〇二年六月。
《中國現代戲劇的兩度西潮》再修訂版，台北：聯合文學出版社，二〇〇六年十二月。
〈台灣實驗戲劇〉，收在張仲年主編《中國實驗戲劇》，上海：上海人民出版社，二〇〇九年一月，頁一九二—二三五。
《台灣戲劇——從現代到後現代》（增訂版），台北：秀威資訊科技，二〇一〇年十二月。
《戲劇——造夢的藝術》（增訂版），台北：秀威資訊科技，二〇一〇年十二月。

《文學的魅惑》（增訂版），台北：秀威資訊科技，二〇一〇年十二月。
《文學筆記》，台北：秀威資訊科技，二〇一〇年十二月。
《與錢穆先生的對話》，台北：秀威資訊科技，二〇一一年五月。
《文化‧社會‧生活》，台北：秀威資訊科技，二〇一一年九月。

二、小說創作

馬森、李歐梵《康橋踏尋徐志摩的蹤徑》，台北：環宇出版社，一九七〇年。
《法國社會素描》，香港：大學生活社，一九七二年十月。
《生活在瓶中》（加收部分《法國社會素描》），台北：四季出版社，一九七八年四月。
《孤絕》，台北：聯經出版社，一九七九年九月，一九八六年五月第四版改新版。
《夜遊》，台北：爾雅出版社，一九八四年一月。
《北京的故事》，台北：時報出版公司，一九八四年五月，一九八六年七月第三版改新版。
《海鷗》，台北：爾雅出版社，一九八四年五月。
《生活在瓶中》，台北：爾雅出版社，一九八四年十一月。
《巴黎的故事》（《法國社會素描》新版），台北：爾雅出版社，一九八七年十月。
《孤絕》（加收《生活在瓶中》），北京：人民文學出版社，一九九二年二月。

《巴黎的故事》，台南：文化生活新知出版社，一九九二年二月。
《夜遊》，台南：文化生活新知出版社，一九九二年九月。
《M的旅程》，台北：時報出版公司，一九九四年三月（紅小說二六）。
《北京的故事》，台北：時報出版公司，一九九四年四月（新版、紅小說二七）。
《孤絕》，台北：麥田出版社，二〇〇〇年八月。
《夜遊》，台北：九歌出版社，二〇〇〇年十二月。
《夜遊》（典藏版）台北：九歌出版社，二〇〇四年七月十日。
《巴黎的故事》，台北：印刻出版社，二〇〇六年四月。
《生活在瓶中》，台北：印刻出版社，二〇〇六年四月。
《府城的故事》，台北：印刻出版社，二〇〇八年五月。
《孤絕》（最新增訂本），台北：秀威資訊科技，二〇一〇年十二月。
《夜遊》（最新增訂本），台北：秀威資訊科技，二〇一〇年十二月。
《M的旅程》（最新增訂本），台北：秀威資訊科技，二〇一一年三月。
《北京的故事》（最新增訂本），台北：秀威資訊科技，二〇一一年三月。

三、劇本創作

《西冷橋》（電影劇本），寫於一九五七年，未拍製。

《飛去的蝴蝶》（獨幕劇），寫於一九五八年，未發表。

《父親》（三幕），寫於一九五九年，未發表。

《人生的禮物》（電影劇本），寫於一九六二年，一九六三年於巴黎拍製。

《蒼蠅與蚊子》（獨幕劇），寫於一九六七年，發表於一九六八年冬《歐洲雜誌》第九期。

《一碗涼粥》（獨幕劇），寫於一九六七年，發表於一九七七年七月《現代文學》復刊第一期。

《獅子》（獨幕劇），寫於一九六八年，發表於一九六九年十二月五日《大眾日報》「戲劇專刊」。

《弱者》（一幕二場劇），寫於一九六八年，發表於一九七〇年一月七日《大眾日報》「戲劇專刊」。

《蛙戲》（獨幕劇），寫於一九六九年，發表於一九七〇年二月十四日《大眾日報》「戲劇專刊」。

《野鵓鴿》（獨幕劇），寫於一九七〇年，發表於一九七〇年三月四日《大眾日報》「戲劇專刊」。

《朝聖者》（獨幕劇），寫於一九七〇年，發表於一九七〇年四月八日《大眾日報》「戲劇專刊」。

《在大蟒的肚裡》（獨幕劇），寫於一九七二年，發表於一九七六年十二月三—四日《中國時報》「人間副刊」，並收在王友輝、郭強生主編《戲劇讀本》，台北：二魚文化，頁三六六—三七九。

《花與劍》（二場劇），寫於一九七六年，未發表，收入一九七八年《馬森獨幕劇集》；並選入一九八九《中華現代文學大系》（戲劇卷壹），台北：九歌出版社，頁一〇七—一三五；一九九三年十一月北京《新劇本》第六期（總第六十期）「93中國小劇場戲劇展暨國際研討會作品專號」轉載，頁十九—廿六；一九九七年英譯本收入*Contemporary Chinese Drama*, translated by Prof. David Pollard, Hong Kong, Oxford university Press, pp. 253-374。

《馬森獨幕劇集》，台北：聯經出版社，一九七八年二月（收進《一碗涼粥》、《獅子》、《蒼蠅與蚊子》、《弱者》、《蛙戲》、《野鵓鴿》、《朝聖者》、《在大蟒的肚裡》、《花與劍》等九劇）。

《腳色》（獨幕劇），寫於一九八〇年，發表於一九八〇年十一月《幼獅文藝》三二三期「戲劇專號」。

《進城》（獨幕劇），寫於一九八二年，發表於一九八二年七月廿二日《聯合報》副刊。

《腳色》，台北：聯經出版社，一九八七年十月（《馬森獨幕劇集》增補版，增收進《腳色》、《進城》，共十一劇）。

《腳色——馬森獨幕劇集》，台北：書林出版社，一九九六年三月。

《美麗華酒女救風塵》（十二場歌劇），寫於一九九〇年，發表於一九九〇年十月《聯合文學》七二期，游昌發譜曲。

《我們都是金光黨》（十場劇），寫於一九九五年，發表於一九九六年六月《聯合文學》一四〇期。

《我們都是金光黨／美麗華酒女救風塵》，台北：書林出版社，一九九七年五月。

《陽台》（二場劇），寫於二〇〇一年，發表於二〇〇一年六月《中外文學》三十卷第一期。

《窗外風景》（四圖景），寫於二〇〇一年五月，發表於二〇〇一年七月《聯合文學》二〇一期。

《蛙戲》（十場歌舞劇），寫於二〇〇二年初，台南人劇團於二〇〇二年五月及七月在台南市、台南縣和高雄市演出六場，尚未出書。

《雞腳與鴨掌》（一齣與政治無關的政治喜劇），寫於二〇〇七年末，二〇〇九年三月發表於《印刻文學生活誌》。

《馬森戲劇精選集》（收入《窗外風景》、《陽台》、《我們都是金光黨》、《雞腳與鴨掌》、歌舞劇版《蛙戲》、話劇版《蛙戲》及徐錦成〈馬森近期戲劇〉、陳美美〈馬森「腳色理論」析論〉兩文），台北：新地文學出版社，二〇一〇年三月。

《花與劍》（中英對照重編本），台北：秀威資訊科技公司，二〇一一年九月。

《蛙戲》（話劇及歌舞劇版重編本），台北：秀威資訊科技公司，二〇一一年十月。

《腳色》（重編本，收入《腳色》、《一碗涼粥》、《獅子》、《蒼蠅與蚊子》、《弱者》、《野鵓鴿》、《朝聖者》、《在大蟒的肚裡》、《進城》）。台北：秀威資訊科技公司，二〇一一年十一月。

四、散文創作

《在樹林裏放風箏》，台北：爾雅出版社，一九八六年九月。

《墨西哥憶往》，台北：圓神出版社，一九八七年八月。

《墨西哥憶往》，香港：盲人協會，一九八八年（盲人點字書及錄音帶）。

《大陸啊！我的困惑》，台北：聯經出版社，一九八八年七月。

《愛的學習》，台南：文化生活新知出版社，一九九一年三月（《在樹林裏放風箏》新版）。
《馬森作品選集》，台南：台南市立文化中心，一九九五年四月。
《追尋時光的根》，台北：九歌出版社，一九九九年五月。
《東亞的泥土與歐洲的天空》，台北：聯合文學出版社，二〇〇六年九月。
《維城四紀》，台北：聯合文學出版社，二〇〇七年三月。
《旅者的心情》，上海：上海人民出版社，二〇〇九年一月。
《漫步星雲間》（《愛的學習》新版），台北：秀威資訊科技，二〇一一年四月。
《大陸啊！我的困惑》，台北：秀威資訊科技，二〇一一年四月。
《台灣啊！我的困惑》，台北：秀威資訊科技，二〇一一年五月。

五、翻譯作品

馬森、熊好蘭合譯《當代最佳英文小說》導讀一（用筆名飛揚），台南：文化生活新知出版社，一九九一年七月。
馬森、熊好蘭合譯《當代最佳英文小說》導讀二（用筆名飛揚），台南：文化生活新知出版社，一九九一年十月。

《小王子》（原著：法國・聖德士修百里，譯者用筆名飛揚），台南：文化生活新知出版社，一九九一年十二月。

《小王子》，台北：聯合文學，二〇〇〇年十一月。

六、編選作品

《七十三年短篇小說選》，台北：爾雅出版社，一九八五年四月。

《樹與女──當代世界短篇小說選（第三集）》，台北：爾雅出版社，一九八八年十一月。

馬森、趙毅衡合編《潮來的時候──台灣及海外作家新潮小說選》，台南：文化生活新知出版社，一九九二年九月。

馬森、趙毅衡合編《弄潮兒──中國大陸作家新潮小說選》，台南：文化生活新知出版社，一九九二年九月。

馬森主編，「現當代名家作品精選」系列（包括胡適、魯迅、郁達夫、周作人、茅盾、丁西林、沈從文、徐志摩、丁玲、老舍、林海音、朱西甯、陳若曦、洛夫等的選集），台北：駱駝出版社，一九九八年六月。

馬森主編《中華現代文學大系一九八九──二〇〇三・小說卷》，台北：九歌出版社，二〇〇三年十月。

七、外文著作

1963 *L'Industrie cinémathographique chinoise après la sconde guèrre mondiale*（論文），Institut des Hautes Études Cinémathographiques, Paris.

1965 "Évolution des caractères chinois"，*Sang Neuf*（Les Cahiers de l'École Alsacienne, Paris），No.11,pp.21-24.

1968 "Lu Xun, iniciador de la literatura china moderna" ,*Estudio Orientales*, El Colegio de Mexico, Vol.III,No.3,pp.255-274.

1970 "Mao Tse-tung y la literatura:teoria y practica"，*Estudios Orientales*, Vol.V,No.1,pp.20-37.

1971 "La literatura china moderna y la revolucion"，*Revista de Universitad de Mexico*, Vol. XXVI, No.1, pp.15-24.

"Problems in Teaching Chinese at El Colegio de Mexico"，*Journal of the Chinese Language Teachers Association in North America*, Vol.VI, No.1, pp.23-29.

La casa de los Liu y otros cuentos（老舍短篇小說西譯選編）‧ El Colegio de Mexico, Mexico, 125p.

1977 *The Rural People's Commune 1958-65: A Model of Social and Economic Development* (Dissertation of Ph.D. of Philosophy at University of British Columbia, Canada).

1979 "Water Conservancy of the Gufengtai People's Commune in Shandong" (25-28 May , The Annual Conference of Association for Asian Studies).

1981 "Kuo-ch'ing Tu: *Li Ho* (Twayne's World Series), Boston, Twayne Publishers, 1979" , *Bulletin of SOAS*, University of London, Vol. XLIV, Part 3, pp.617-618.

"*The Drowning of an Old Cat and Other Stories*, by Hwang Chun-ming (translated by Howard Goldblartt), Bloomington, Indiana University Press,1980", *The China Quarterly*, 88, Dec., pp.707-08.

1982 "Jeanette L. Faurot (ed.): *Chinese fiction from Taiwan: Critical Perspectives*, Bloomington: Indiana University Press, 1980", *Bulletin of the SOAS*, Unversity of London, Vol. XLV, Part 2, pp.383-384.

"Martine Vellette-Hémery: *Yuan Hongdao (1568-1610): théorie et pratique littéraires*, Paris, Collège de France, Institut des Hautes Études Chinoises, 1982", *Bulletin of the SOAS*, Unversity of London, Vol. XLV, Part 2, p.385.

1983 "Nancy Ing (ed.): *Winter Plum: Contemporary Chinese Fiction*, Taipei, Chinese

Nationals Center,1982", *The China Quarterly*, pp.584-585.

1986 "Contemporary Chinese Literature: An Anthology of Post-Mao Fiction and Poetry, edited with an Introduction by Michael S. Duke for the Bulletin of Concerned Asian Scholars, New York and London, M. E. Sharpe Inc., 1985", *The China Quarterly*, pp.51-53.

1987 "L'Ane du père Wang" , *Aujourd'hui la Chine*, No.44, pp.54-56.

1988 "Duanmu Hongliang: *The Sea of Earth*, Shanghai, Shenghuo shudian, 1938", *A Selective Guide to Chinese Literature 1900-1949*, Vol.1 The Novel, edited by Milena Dolezelova-Velingerova, E. J. Brill, Leiden. New York, KØbenhavn Köln, pp.73-74.

"Li Jieren: *Ripples on Dead Water*, Shanghai, Zhong hua shuju, 1936", *A Selective Guide to Chinese Literature 1900-1949*, Vol.1, The Novel, edited by Milena Dolezelova-Velingerova, E. J. Brill, Leiden. New York, KØbenhavn Köln, pp.116-118.

"Li Jieren: *The Great Wave*, Shanghai, Zhong hua shuju, 1937", *A Selective Guide to Chinese Literature 1900-1949*, Vol.1, The Novel, edited by Milena Dolezelova-Velingerova, E. J. Brill, Leiden. New York, KØbenhavn Köln, pp.118-121.

"Li Jieren: *The Good Family*, Shanghai, Zhonghua shuju, 1947", *A Selective Guide to Chinese Literature 1900-1949*, Vol.2, The Short Story, edited by Zbigniew Slupski, E. J.

Brill, Leiden. New York, KØbenhavn Köln, pp.99-101.

"Shi Tuo: *Sketches Gathered at My Native Place*, Shanghai, Wenhua shenghuo chu banshee, 1937", *A Selective Guide to Chinese Literature 1900-1949*, Vol.2, The Short Story, edited by Zbigniew Slupski, E. J. Brill, Leiden. New York, KØbenhavn Köln, pp.178-181.

"Wang Luyan: *Selected Works by Wang Luyan*, Shanghai, Wanxiang shuwu, 1936", *A Selective Guide to Chinese Literature 1900-1949*, Vol.2, The Short Story, edited by Zbigniew Slupski, E. J. Brill, Leiden. New York, KØbenhavn Köln, pp.190-192.

1989 "Father Wang's Donkey"（translated by Michael Bullock）, *PRISM International*, Canada, Vol.27, No.2, pp.8-12.

"The Theatre of the Absurd in Mainland China: Gao Xingjian's *The Bus Stop*", *Issues & Studies*, National Chengchi University, Vol.25, No.8, pp.138-148.

1990 "The Celestial Fish"（translated by Michael Bullock）, *PRISM International*, Canada, January 1990, Vol.28, No.2, pp.34-38.

"The Anguish of a Red Rose"（translated by Michael Bullock）, *MATRIX*（Toronto, Canada）, Fall 1990, No.32, pp.44-48.

"Cao Yu: *Metamorphosis*, Chongqing, Wenhua shenghuo chubanshe, 1941", *A Selective Guide to Chinese Literature 1900-1949*, Vol.4, The Drama, edited by Bernd Eberstein, E. J. Brill, Leiden. New York, KØbenhavn Köln, pp.63-65.

"Lao She and Song Zhidi: *The Nation Above All*, Shanghai Xinfeng chubanshe, 1945", *A Selective Guide to Chinese Literature 1900-1949*, Vol.4, The Drama, edited by Bernd Eberstein, E. J. Brill, Leiden. New York, KØbenhavn Köln, pp.164-167.

"Yuan Jun: *The Model Teacher for Ten Thousand Generations*, Shanghai, Wenhua shenghuo chubanshe, 1945", *A Selective Guide to Chinese Literature 1900-1949*, Vol.4, The Drama, edited by Bernd Eberstein, E. J. Brill, Leiden. New York, KØbenhavn Köln, pp.323-326.

1991 "The Theatre of the Absurd in Mainland China: Kao Hsing-chien's *The Bus Stop*" in Bih-jaw Lin（ed.）, *Post-Mao Sociopolitical Changes in Mainland China: The Literary Perspective*, Institute of International Relations, National Chengchi University, Taipei, pp.139-148.

"Thought on the Current Literary Scene", *Rendition*（A Chinese-English Translation Magazine）, Nos.35 & 36, Spring & Autumn 1991, pp.290-293.

1997 *Flower and Sword* (Play translated by David E. Pollard) in Martha P.Y. Cheung & C.C. Lai (ed.), *Contemporary Chinese Drama*, Hong Kong, Oxford University Press, pp.353-374.

2001 "The Theatre of the Absurd in China: Gao Xingjian's *Bus-Stop*" in Kwok-kan Tam (ed.), *Soul of Chaos: Critical Perspectives on Gao Xingjian*, Hong Kong, The Chinese University Press, pp.77-88.

2006 二月，《中國現代演劇》（《中國現代戲劇的兩度西潮》韓文版，姜啟哲譯），首爾。

八、有關馬森著作（單篇論文不列）

龔鵬程主編：《閱讀馬森——馬森作品學術研討會論文集》，台北：聯合文學，二〇〇三年十月。

石光生著：《馬森》（資深戲劇家叢書），台北：行政院文化建設委員會，二〇〇四年十二月。

語言文學類　PG0617

文化・社會・生活

作　　者 / 馬　森
主　　編 / 楊宗翰
責任編輯 / 陳佳怡
圖文排版 / 姚宜婷
封面設計 / 王嵩賀

發 行 人 / 宋政坤
法律顧問 / 毛國樑　律師
印製出版 / 秀威資訊科技股份有限公司
114台北市內湖區瑞光路76巷65號1樓
電話：+886-2-2796-3638　傳真：+886-2-2796-1377
http://www.showwe.com.tw
劃撥帳號 / 19563868　戶名：秀威資訊科技股份有限公司
讀者服務信箱：service@showwe.com.tw
展售門市 / 國家書店（松江門市）
104台北市中山區松江路209號1樓
電話：+886-2-2518-0207　傳真：+886-2-2518-0778
網路訂購 / 秀威網路書店：http://www.bodbooks.com.tw
國家網路書店：http://www.govbooks.com.tw
圖書經銷 / 紅螞蟻圖書有限公司
114台北市內湖區舊宗路二段121巷28、32號4樓
電話：+886-2-2795-3656　傳真：+886-2-2795-4100

2011年9月BOD一版
定價：310元

國家圖書館出版品預行編目

文化.社會.生活 / 馬森著. -- 一版. -- 臺北市 : 秀威資訊科技, 2011. 09

面； 公分. --（語言文學類 ; PG0617）

BOD版

ISBN 978-986-221-812-9（平裝）

1. 言論集

078 100014707

讀者回函卡

感謝您購買本書，為提升服務品質，請填妥以下資料，將讀者回函卡直接寄回或傳真本公司，收到您的寶貴意見後，我們會收藏記錄及檢討，謝謝！

如您需要了解本公司最新出版書目、購書優惠或企劃活動，歡迎您上網查詢或下載相關資料：http:// www.showwe.com.tw

您購買的書名：________________________________

出生日期：________年________月________日

學歷：□高中（含）以下　□大專　□研究所（含）以上

職業：□製造業　□金融業　□資訊業　□軍警　□傳播業　□自由業

□服務業　□公務員　□教職　□學生　□家管　□其它_____

購書地點：□網路書店　□實體書店　□書展　□郵購　□贈閱　□其他

您從何得知本書的消息？

□網路書店　□實體書店　□網路搜尋　□電子報　□書訊　□雜誌

□傳播媒體　□親友推薦　□網站推薦　□部落格　□其他__________

您對本書的評價：（請填代號　1.非常滿意　2.滿意　3.尚可　4.再改進）

封面設計____　版面編排____　內容____　文／譯筆____　價格____

讀完書後您覺得：

□很有收穫　□有收穫　□收穫不多　□沒收穫

對我們的建議：________________________________

____

____

____

請貼
郵票

11466
台北市內湖區瑞光路 76 巷 65 號 1 樓
秀威資訊科技股份有限公司 收
BOD 數位出版事業部

（請沿線對折寄回，謝謝！）

姓　　名：＿＿＿＿＿＿＿＿　年齡：＿＿＿＿　性別：□女　□男

郵遞區號：□□□□□

地　　址：＿＿＿＿＿＿＿＿＿＿＿＿＿＿＿＿＿＿

聯絡電話：(日) ＿＿＿＿＿＿＿＿ (夜) ＿＿＿＿＿＿＿＿

E-mail：＿＿＿＿＿＿＿＿＿＿＿＿＿＿＿＿＿＿